王霄老师的
[5堂幸福课]

遇见孩子,
看见更好的自己

王霄 著

人民邮电出版社
北京

图书在版编目（CIP）数据

王霄老师的5堂幸福课：遇见孩子，看见更好的自己/王霄著. -- 北京：人民邮电出版社，2018.8（2024.6重印）
ISBN 978-7-115-48729-2

Ⅰ．①王… Ⅱ．①王… Ⅲ．①家庭教育 Ⅳ．①G78

中国版本图书馆CIP数据核字(2018)第137470号

内 容 提 要

父母在养育孩子的过程中，会不断遇到各种挑战；如何教育好孩子，让孩子健康快乐地成长，便成了父母们每天都在思考的事情。

王霄老师把培养孩子看成人生的自我修炼，看成父母与孩子一起成长的过程。这个过程可以概括为 5 个词：选择、接纳、连接、改变、放手，分别表示对自己的选择负责，接纳生活的本来面目，让家庭的连接永远不断，改变从自己做起，最后是带着爱放手。这是一趟有关爱与自我关怀的旅程，在途中，父母会遇见更好的孩子，也发现更好的自己。

本书适合所有希望养育好孩子、获得幸福生活的父母阅读。

◆ 著　　　　王　霄
　责任编辑　马雪伶
　责任印制　马振武

◆ 人民邮电出版社出版发行　北京市丰台区成寿寺路 11 号
　邮编 100164　电子邮件 315@ptpress.com.cn
　网址　https://www.ptpress.com.cn
　北京九州迅驰传媒文化有限公司印刷

◆ 开本：880×1230　1/32
　印张：8.25　　　　　　　　　2018 年 8 月第 1 版
　字数：256 千字　　　　　　　2024 年 6 月北京第 4 次印刷

定价：59.00 元

读者服务热线：**(010)81055410**　印装质量热线：**(010)81055316**
反盗版热线：**(010)81055315**
广告经营许可证：京东市监广登字 20170147 号

前言

我为什么要写这本书？

做家长教育很多年了，我认识很多家长，他们的年龄、学历、文化背景各不相同，他们生活在不同的城市乃至不同的国家，他们孩子的年龄也各不相同，从刚出生的婴儿到参加工作的成年人都有，而我也是他们中的一分子。我有两个孩子，女儿22岁，儿子9岁。我从来不认为自己是他们的老师，这些年来我和这些爸爸妈妈们一起学习，对他们遭遇的所有挑战感同身受，也见证了他们的成长和改变，我发现，无论我们来自哪里，为人父母的共性要大于不同，我们似乎都要经历下面这三个阶段。

第一阶段：我的孩子有问题，我希望他更完美。

很多家长走进教室的时候一脸愁云，带来的是孩子的各种问题。慢慢地，每个人都恍然大悟：原来是我自己的问题啊。

第二阶段：原来是我有问题，我希望自己更完美。

接下来我看到每个家长都在努力改变自己，但是有的时候觉得有效，有的时候觉得没用。受挫的时候，很多人又陷入对自己超级不满意的情绪之中。

第三阶段：我们都不是完人，但都走在修行的道路上。

如果上天给我们一个完美的孩子，这固然幸运，但更多的时候我们的孩子是不完美的，我们自己也是不完美的。也正因为如此，我们获得了修炼自己的机会。修炼自己是为了什么？是为了获得幸福。这里的幸福是更广义的快乐，是在成为更好的自己这个过程中我们感受到的快乐；另外，当看待世界的方式变了，我们的行为方式也会改变，我们的生活也会变得更幸福，这样一来，我们也给更多的人带来了幸福。

修炼自己，其实就是改变那些固化的、极端的、负面的认知，重塑新的思维方式。那么我们如何修炼自己呢？这个时代最不缺的就是信息和知识，但是面对各种育儿理念、心理学学派，我们有时候会迷茫，不知该何去何从。有没有什么是普世的真理，可以引导我们前行呢？我不敢妄言自己通晓真理，但我知道普世的真理往往也是朴素的，它不走极端，它让我们觉得温暖。哲学、心理学、教育学乃至科学其实是相通的，这也是所谓的大道至简，简单到一页纸就能写来。但是简单不代表容易，不代表一招就能改变别人和自己。

很多时候，道理我们都懂，但具体到和孩子的每日相处，那些大道理我们往往不知道怎么用，所以在理念和每日生活之间需要一个桥梁。这本书其实也是这样一个桥梁，理念来自普世的真理，但方法是落地的，步子是小的。

每个家庭都是不同的，每一个妈妈、孩子也是不同的，但我们都向往幸福的生活。这些年我也一直在做着这样一件事情，即帮助家长找到适合他自己的方法；当他变化了，整个家庭的幸福生态也会发生变化。

这本书有什么特点？

10大养育难题

孩子和孩子不同，家庭和家庭不同，但人性在本质上是共性大于差异，所以，我在大量的问题中提炼出10个共性的难题，一定有几款能帮助到你。

有理念有方法

我这些年一直在努力做一件事，就是把知识消化之后，用最浅显的方式讲给我的学员听,也就是由我来深入,然后浅出给他们。

好的办法是有具体步骤的,步骤太多了记不住,步骤太少又太笼统,所以我都是尽量让一个方法的步骤不超过3步,对每个步骤都会尽量举例说明。

有故事有案例

给妈妈们讲课与做商业宣讲不同,不能满眼都是表格、报表和数字。大家喜欢听案例,喜欢通过案例来理解教育的理念,所以在本书中有大量的案例,这些案例来自我的学员,来自我的朋友,还有很多故事来自我个人和我的孩子。当然,适用于一个家庭的方法不一定适用于另一个家庭,书中所有的故事意在抛砖引玉,最终帮助大家找到适合自己的方法。

有可以践行的一小步

每章都有"每日一小步",都是很具体和实用的方法,这些方法都是结合每章的内容,帮助大家在理解理念的前提下尽可能多地去实践。要知道,读书是被动学习,实践则是主动学习,效率要高很多。

有神奇问题

这本书有很多神奇问题,说"神奇"是因为真的很神奇。我的很多学员发现,原来换个角度问自己,思路会一下子开阔,那些看似无解的问题便迎刃而解了。

有万能清单

说"万能",是因为真的很万能,我们的很多困惑,都可以通过列清单的方式变无序为有序,大脑里的一团乱麻解开了,庞杂的事务变成一个个的小事件，解决起来不再困难。

有疑难杂症诊断——当方法不管用时

这些年我听到太多这样的问题："我按照方法去做，但是不管用啊。"我喜欢这样的问题，因为这会引发大家的思考。很多时候我们是穿新鞋走老路，也有的时候是我们误读了一个理念，但这都暴露了我们思维定式的局限。把这样的问题思考明白，顿时就能更上一层楼。

如何使用这本书？

这是一本可以使用的书，用得越多，它对你的价值也就越大。

按顺序阅读，但不要一口气读完

1. 先修自己，再修关系

第1章"选择"和第2章"接纳"就是帮助我们成为自己生活的主人，承担起自己的责任，勇敢地接纳生活，这是我们的能量来源。

2. 先连接，再改变

人生的烦恼大部分来自关系，而处理关系的首要任务是建立连接，有了连接才有可能改变。第3章"连接"讲的就是这件事。好的改变不是一蹴而就的，坏的改变也不是世界末日。在第4章"改变"里，有很多具体的方法帮助你和孩子去改变。改变没有绝对的好坏，它是人生的一部分。

3. 先放心，再放手

为人父母最终都要放手，人生何尝不是如此呢？但放手不是"大撒把"，所以第5章"放手"中有大量的方法帮助你做好放手前的准备。心放下了，手也就放下了。

我的建议是读完每一章都停下来，思考一下，试试这一章里的小工具，和朋友家人讨论一下，给朋友讲一讲。练习也是需要时间的。

对症下药

人吃五谷杂粮，难免会生病，我们的人生中也会有各种杂音。当我们发现自己的生活失控、当我们感到脆弱和焦虑的时候，也许可以翻开第1章"选择"和第2章"接纳"读一下，你会获取力量和勇气继续前行，因为只有你，才是你生活的主人。

有的时候你会发现沟通无效，明明自己说的都是真理，但孩子或者家人却不予理睬，大多数时候这是因为亲人之间的连接出了问题，请你翻到第3章"连接"。当然，连接不是只有断了的时候才去管，它是我们生活中的必需品，是每天的功课，也是我们能量输送的管道。

我们都希望成为更好的自己，也希望孩子成为更好的孩子，但往往欲速则不达，适得其反。当我们嫌自己进步太慢或者孩子进步太慢的时候，往往是因为我们走得太快而乱了阵脚。第4章"改变"和第5章"放手"会帮助你慢下来，一步一个脚印。假以时日，你的收获会大大超出预期。

与人共读

在这个时代，专注是一件非常困难的事情，尤其是作为妈妈，往往身兼数职，杂务缠身，能静下心来读一本书并不是件易事。一个好办法就是找一些志同道合的妈妈一起学习和践行，比如大家每周聚在一起，喝喝咖啡，分享自己的故事和实践感悟，或者和素不相识的妈妈们在线上一起学习。我这些年来最深刻的体会就是，分享是最好的学习方式。也许我们会在未来的某个线上或线下的空间里相遇呢。

践行一小步

虽说名为"每日一小步",但你完全可以七天一小步,或者一个月一小步。在修炼自己的过程中,永远不要嫌步子小,只要我们一直在行走,就一定比昨天做得更好。

这本书写给谁?

每当坐在电脑前写书,我都仿佛在和此刻手捧这本书的你聊天。在我的脑海里,你也许有孩子,也许没孩子;也许是全职妈妈,也许是工作妈妈;也许像我一样是个讲师,或是一位心理辅导师。我永远是你们中的一员,因为我对养育孩子过程中的所有酸甜苦辣都感同身受。

我们都是普通人,我们都不完美,但我们都有爱,我们都希望做得更好。无论过去犯了多少错误,也无论将来还会犯多少错误,我们都在修炼自己。仅仅这一点,我们就可以为自己点一个大大的赞了。

致谢

我做家庭教育,最大的初衷是来自自己的家庭,如果没有他们,我根本就不会从事现在的工作。感谢我的先生一直以来给予我的鼓励,他的助推让我不断地走出自己的舒适圈,让我这些年从一个得过且过、惧怕困难的人,成长为今天的有勇气的自己。他博览群书,所以在写书过程中,我每每对一些知识感到似是而非的时候,他总是快速地搬回一摞又一摞的书,或者在网上迅速搜索到相关理论和知识点,然后和我一起讨论。我的所有成形以及未成形的想法,都会在第一时间和他分享,而他也永远是我文章的第一个读者。

感谢我的孩子们。我放弃了很好的工作,辞职做全职妈妈,是因为要陪伴儿子天天长大;我开发了青春期家长课程,是因为女儿妮妮在青春期带给我很多挑战。我的孩子是普通的孩子,他们有优点也有缺点,和他们相处过程中的喜怒哀乐,让我有了修炼自己的机会。我发现自己身上的各种"坑"都被慢慢填平了,我成为了更好的自己。

我从未想过自己还可以写书,是秋叶大叔看到了我身上连我自己都没有意识到的潜力,在他的鼓励之下,我才迈出了这一步。在写书的过程中,秋叶大叔常常给出中肯的意见和真挚的鼓励,帮助我将不可能变为可能。

本书写了很多妈妈的故事,还有大量的案例也是来自我的学员家长。为了分享他们的故事,我要征得他们的同意,几乎每个妈妈都说:"只要能够帮助更多的妈妈,我们愿意分享自己的故事。"我想说的是,你们真的会帮到很多很多人。

这些年,因为讲课结识了五湖四海的学员和朋友,他们遍布100多个城市。课程结束后,大家的连接也没有断,他们对孩子的爱一直深深地激励着我。写书的过程中要不断挑战自己的自信。人难免对自己失去信心,但当我想到这本书能够持续地帮助到大家,我就不再纠结自己的不完美,也会更加努力。感谢有你们相伴!

王霄

目录

接管我们的人生——选择

1.1 选择做妈妈,是人生的一场修炼 2
- 1. 从"都是因为你"到"看见我自己" 4
  - 每日一小步　我选择——变被动为主动 9
- 2. 当妈很少"纯天然",只要开始就不怕慢 11
  - 怎样才能给妈妈加满"油" .... **万能清单** 15
- 3. 四个妈妈的故事:手拿什么牌,都能打出彩 19

1.2 听我的,还是听孩子的 .... **养育难题** 24
- 1. 家长和孩子之间,谁输谁赢 24
  - 每日一小步　用一个词代替一句话 26
- 2. 我如何搞定他 vs 我如何帮助他 .... **神奇问题** 26
  - 每日一小步　用正面语言代替"不语言" 31

1.3 知道了理念，我如何选择方法 **养育难题** 31

1. 教养方法那么多，哪种适合我 32
2. 找对大原则，DIY 小方法 35
   每日一小步　DIY 属于自己的小方法 39
3. 教育孩子一定要全家人观念一致吗 42

1.4 选择的能力，从小养成 51

1. 听话的孩子，可能是一个不会做选择的孩子 52
2. 多问问题，少给答案 53
   每日一小步　有限的选择 56

1.5 当时 vs 平时 **当方法不管用时** 57

第 2 章

爱生活本来的样子——接纳

2.1 比较，如同黑云压顶，让我们无法看清生活 ········ 62
　　每日一小步　你在和谁比较 ································ 65

2.2 我为什么如此焦虑 ····························· 养育难题 66
　　1. 现实的碎片，放大了你的焦虑 ························ 66
　　2. 还原现实本来的样子 ·································· 67
　　　应对压力的万能清单 ···················· 万能清单 71

2.3 哈哈镜里的你，不是真实的自己 ························ 72
　　1. 你从小被贴过哪些标签，它们还在吗 ················ 74
　　每日一小步　鼓励你的内在小孩 ························ 78
　　2. 你是不是觉得自己永远不够好 ······················· 79
　　　我的目标是什么 ························ 神奇问题 81

2.4 自己的孩子,为什么越看越不满意 〔养育难题〕 87
    1. 你在拿孩子和谁比较 ········ 88
    2. 除了学习,孩子还有别的闪光点吗 ········ 93
        每日一小步　孩子的闪光点 ········ 97

2.5 孩子越是"差",越是需要你的接纳 ········ 98
    1. 看见孩子,就是最大的鼓励 ········ 98
        每日一小步　每日一鼓励 ········ 101
    2. 妈妈故事——我的孩子是多动症吗 ········ 101

2.6 你认为除了黑就是白吗 〔当方法不管用时〕 105

第3章

爱的力量——连接

3.1 同在一个屋檐下的亲人,却怎么失联了 ········ 108
1. 我怎么说他都不听 ········ **养育难题** 109
2. 他什么都不和我说 ········ **养育难题** 110
3. 我们之间无话可说 ········ 112
   每日一小步 用"非语言"代替无效的语言 ········ 113

3.2 有了连接,爱才能流动 ········ 114
1. 我的爱,你怎么感受不到 ········ 115
   表达爱的万能清单 ········ **万能清单** 118
2. 连接,是我们与生俱来的能力 ········ 119
   每日一小步 1分钟连接 ········ 122

3.3 在冲突中连接 …… 123

1. 他的情绪密码是什么 …… **神奇问题** 124
2. 让冲突降温的法宝是倾听 …… 129
   每日一小步　倾听三步骤 …… 134
3. 我怎么老是控制不了情绪 …… **养育难题** 135
   每日一小步　表达三步骤 …… 142

3.4 当连接断了的时候 …… 143

1. 犯错的孩子，最需要你的连接 …… 143
2. 犯错的孩子，最需要和世界连接 …… 145

3.5 连接的目的是什么 …… **当方法不管用时** 147

第 4 章
我是自己的主人——改变

4.1 改变的迷思 ……………………………………… 152
    1. 我怎么总是无法改变 ……………………… **养育难题** 153
    2. 孩子怎么老是不改 ………………………… **养育难题** 154
    3. 这世界变化快，我能留住什么 ……………………… 155
        每日一小步 你的改变迷思是什么 ……………… 156

4.2 改变自己之路 …………………………………… 157
    1. 改变有三关，你在哪里败下阵来 …………………… 158
    2. 目标越小越靠谱 …………………………………… 160
    3. 改变三问 ………………………………… **神奇问题** 161
    4. 呵护你的新习惯 …………………………………… 164
        让新习惯"搭便车"的万能清单 ……… **万能清单** 169

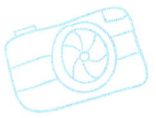

4.3 改变孩子从微小习惯开始 …………………………… 170
1. 别再跟孩子的坏习惯较劲了 ……………………………… 171
   每日一小步　阅读时光 ……………………………………… 173
2. 好习惯的养成离不开重复 ………………………………… 174
   每日一小步　日常惯例表 …………………………………… 179
3. "静待花开"说的可不光是等待 …………………………… 180

4.4 变化是风,我是帆 …………………………………… 185
1. 是福还是祸,还是在自己 ………………………………… 186
   每日一小步　变忧虑为行动 ………………………………… 188
2. 上天的厚礼——我与肿瘤擦肩而过 ……………………… 189

4.5 计划 vs 变化 ………………………… 当方法不管用时 193
1. 计划是基于我们的理想期待,而不是基于现实 ………… 194
2. 人的意志力不是持续稳定的,它在不断消耗 …………… 194

第 5 章

我不是孩子人生拼图的主人——放手

5.1 放手是早晚的事儿 ········ 198
1. 包办代替,就像一生都在给孩子用学步车 ········ 200
2. 你为什么不敢放手 ········ **养育难题** 202
   每日一小步　放手一小步　204
3. 放手不是放弃 ········ 206

5.2 放手前的准备 ········ 207
1. 培养孩子的两大核心能力 ········ 208
2. 自我管理,从小习得 ········ 210
   教会孩子管理物品的万能清单 ········ **万能清单** 219
3. 与人相处,从小习得 ········ 220
   每日一小步　头脑风暴　226

5.3 放手后的淡定 ⋯⋯⋯⋯⋯⋯⋯⋯⋯⋯⋯⋯⋯⋯⋯⋯⋯⋯⋯ **228**

   1. 不做雪上加霜的父母 ⋯⋯⋯⋯⋯⋯⋯⋯⋯⋯⋯⋯⋯⋯ 229

      每日一小步　自然后果 ⋯⋯⋯⋯⋯⋯⋯⋯⋯⋯⋯⋯ 231

   2. 有"错"才有抗挫力 ⋯⋯⋯⋯⋯⋯⋯⋯⋯⋯⋯⋯⋯⋯ 232

      每日一小步　成长型思维 ⋯⋯⋯⋯⋯⋯⋯⋯⋯⋯⋯⋯ 238

   3. 辍学之后:放手后的成长 ⋯⋯⋯⋯⋯⋯⋯⋯⋯⋯⋯⋯ 239

5.4 做好孩子的副驾驶 ⋯⋯⋯⋯⋯⋯ **当方法不管用时** **241**

后记 ⋯⋯⋯⋯⋯⋯⋯⋯⋯⋯⋯⋯⋯⋯⋯⋯⋯⋯⋯⋯⋯⋯⋯ **244**

第 **1** 章

接管我们的人生
——选择

1.1
选择做妈妈，是人生的一场修炼

> 积极主动是人类的天性，即使生活受到外界条件的制约，那也是因为我们有意无意地选择了被外界条件控制。
>
> ——史蒂芬·柯维（《高效人士的七个习惯》）

很多时候，做妈妈并不是经过深思熟虑做出的选择。

我讲了很多年的家长课，学员大部分是妈妈和准妈妈，她们来自不同的城市，拥有不同的教育背景，从小学学历到博士都有。她们的年龄从二十几岁到四十几岁，家里的孩子少则一个，多的四五个；孩子的年龄跨度也很大，从几个月的小婴儿到二十几岁的成年人都有。

我曾经问过大家：

提问 **你们是如何决定成为一个妈妈的？**

这是她们的一部分回答。

"我们喜欢旅行，一直没打算要孩子。但是到了35岁，忽然觉得再不要就成大龄产妇了，没想到真想要孩子的时候发现老也怀不上，正准备放弃的时候就怀孕了。"

"老公是几代单传，所以婆婆一直催我们。大宝是女儿，婆婆一直希望我们再生一个。要是再生一个女儿，真不知道是不是要一直生下去。"

第 1 章 接管我们的人生——选择

"我的原生家庭有4个兄弟姐妹,我们关系很好,所以我也想多生几个孩子。"

"我大学刚毕业,还没打算要孩子,但意外怀孕,就把孩子留下了。但我觉得自己还是个孩子,根本没准备好。"

"我们是重组家庭,虽然我们在原来的婚姻中都有孩子,但我们想要一个自己的孩子。"

有些人糊里糊涂地做了妈妈,有些人从备孕开始就精心策划,也有些人已经不是第一次做妈妈了,但无论怎样,我们发现,做妈妈这件事,现实和想象的差距实在太大了。曾经不止一个妈妈告诉我,生了孩子之后很长一段时间都不想去抱自己的孩子。我想,她们抗拒的是妈妈这样一个身份。当妈没有回头路,我们的人生头一次要对另一个生命负这么大的责任,怎能不忐忑。

孩子不总是画报上的那个天使,很少有人能想到这个弱小的生命,在日后会带来无穷的挑战。不明原因的哭闹,被打断无数次的睡眠,怎么也减不回去的肚子,幼升小、小升初简直是一个浩大的工程;当孩子终于长大了一些,又遭遇青春期,"天使"秒变"小恶魔"……

面对层出不穷的各种教育理念,以及来自老人的各种经验传授,新与旧之间,中和西之间,我们经常不知道如何去甄别和选择。

围绕孩子,人际关系一下子多出很多分支:爷爷奶奶、姥姥姥爷、孩子的老师以及其他小朋友的家长等。这些关系往往不是我们主动选择的,但却要面对和处理。

有人选择了全职、半职,也有人还在苦苦支撑着,管理不好自己,也没能管理好孩子和家庭。

仿佛一夜之间,生活中充满了各种选择。从小到大答对过无数选择题的我们,现在面临真实世界里的选择,往往无所适从,因为没有标准答案可参考。

做了妈妈,无论你是否曾经拒绝长大,在这一刻,没得选了。怨天怨地怨社会没用，怨孩子怨老公怨父母也没用，只有一个选择摆在面前，我们必须把自己当作一个成年人来对待。也就是说，你的所有选择，责任人只有自己，这是人生修炼最重要的一课。有了这样的勇气，我们才可能成为一个好妈妈，而生活也会给予我们最丰厚的回报——我们因此成为更好的自己。

1. 从"都是因为你"到"看见我自己"

例 "王老师，我的孩子13岁，每天早晨和放学都会给父母打电话问候，有时候一天打好几个电话，即使提前告知我们不能按时回家，他也会坚持打。他从小和父母一起生活，只有中午才跟着爷爷奶奶吃饭，这种情况已经持续两年了。我问了周围的朋友，他们的孩子都没有这个问题。一个男孩子，怎么这么胆小呢？"

——妈妈A

无独有偶的是，妈妈B也遇到过同样的问题。儿子自从初中住校，每天都给父母打五六个电话，会问父母在做什么，煤气关了没有；下雨要带雨伞，晚上天黑开车要注意安全，路面发亮的地方有水不要走。但不同的是，这样的状况持续了一个月就停止了。

提问 为什么孩子的情况类似，但结果却不同？

经常有家长向我咨询孩子教育的问题，在他们的整段描述中有一个很有意思的现象，按理说我们小时候学写作文时都知道写作四要素：时间、地点、人物、事件。大部分家长说别人都很详细，比如孩子做了什么、说了什么，老师说了什么、其他人说了什么等，但是在这里面唯独缺了主演——自己，或者一笔带过"我什么方法都用了，不管用"。我很少听到人们能清晰、完整、客观地描述自己的一言一行。

在这背后是我们常有的一种思维习惯——都是因为你。遇到问题找怪罪的对象，看别人的问题一大堆，而自己的问题全都是盲点。

都是因为你

- 都是因为你的出生，我把那么好的工作都辞了。
- 都是因为你每天这么忙，带孩子都成了我一个人的事儿了。
- 都是因为你妈老给孩子喂饭，他现在都不会自己吃饭。
- 都是因为你上课老说话，老师老来找我。别人家的孩子都不这样，都是你不正常。
- 都是因为你老打电话给我，让我很难堪。

于是我们拼命地纠正别人。很多时候，孩子身上的问题只不过是某一个时期或某一个年龄的一个特点而已，本来不是事儿，但是因为我们不断去纠正，最终反倒变成了问题。

当我们把重心转移到自己身上，则往往一点点的改变就能带来奇迹般的变化。那么如何看见自己呢？这就好比在你的家里安装一个摄像头，作为一个旁观者去看自己，你会看到什么？此外，你也可以问自己这些问题：

- 我是怎么看待这件事情的？——想法
- 我的情绪是怎样的？——情绪
- 我都做了些什么、说了些什么？——做法

让我们来看一下妈妈 A 和妈妈 B 都有些什么不同。

妈妈 A

背景
第一次来上家长课。

想法

一个这么大的男孩子，一天到晚老给家长打电话，是胆小的表现，不正常。

情绪

烦、抵触。

做法

(1) 孩子去了一次两周的住宿夏令营，回来以后就开始一天给父母打好几次电话。过了一段时间，父母因为要去外地照顾姥姥姥爷，有一个月的时间不在家，孩子和爷爷奶奶一起生活。

点评 | 孩子总是会在不同的年龄阶段对一些事情产生恐惧，比如怕黑、怕被关在屋子里出不去、怕父母消失。这个孩子第一次离开父母就产生了各种担心和恐惧，但父母没有关注，接着他又经历了第二次和父母的分离。

(2) 妈妈问周围的朋友，朋友们说他们的孩子都不是这样。

点评 | "比较"给我们带来的只有焦虑，只会让我们看孩子越来越不顺眼。没有任何两个孩子之间有可比性。

(3) 旁边有人的时候，妈妈会耐心地接孩子的电话，虽然外表温和，但内心排斥，接孩子电话的时候老想快速结束通话。

点评 | 孩子需要的就是想知道妈妈是安全的，妈妈是爱我的；但是妈妈的语气并没有让孩子感受到安全和爱，他感受到的是妈妈有点烦自己，是被拒绝，于是他只能不断重复着自己的行为。

(4) 孩子会问爸爸几点回家，提前15分钟一定要打电话给爸爸。

孩子："爸爸，你是不是在喝酒？"

爸爸："没有啊！"

孩子："我能感觉到你喝酒了。"

爸爸："就喝了一点。"

孩子："那你别开车啊。"

点评 | 孩子担心爸爸的安全，担心爸爸酒驾；但爸爸没有坦诚面对，孩子感到的还是不安全。

(5) 妈妈会劝说孩子以后不要老给妈妈打电话，因为妈妈特别忙。

点评 | 妈妈的劝说让孩子觉得自己不对，但是他还是没有能力战胜恐惧啊。

孩子需要的就是感受到安全，但父母的抵触使得孩子这个最基本的需求一直都没有得到满足。

妈妈 B

背景

这个妈妈在三年前来上我的家长课，当时她觉得新的理念很别扭，不好掌握，但是她知道改变要从自己开始，于是她把很多话写在小纸条上，家里的房间甚至是卫生间都贴满了这些小纸条，直到自己烂熟于心。

想法

孩子最近突然每天都给我们打很多电话，是不是遇到什么事儿了？我可以做点什么呢？

情绪

从担心到享受，再到坦然。

做法

(1) 联系老师，确认孩子在学校是否遇到什么问题，老师说孩子一切正常；妈妈想也许是因为孩子初次离开父母住校，有点分离焦虑，可以理解。

点评 | 妈妈没有怪罪孩子，没有止步于私下里瞎嘀咕，她主动选择自己做些什么，她能够接纳和面对孩子住校这样的现实，她接纳孩子的感受。

(2) 妈妈问了孩子的想法，孩子说："我就是担心你们，现在社会这么乱。"

点评 | 妈妈能够走进孩子的内心世界，这是连接。连接不仅仅体现在一件事情上，它反映的是家人之间长期的一种状态，是彼此的信任。

(3) 妈妈："谢谢你对爸爸妈妈的关心，你打电话过来的时候我们有时可能接不到，不要太担心，我们一定会注意的。你在学校也要照顾好自己，我们爱你。"

点评 | 妈妈坦然告诉孩子自己的真实感受,这是连接。

(4) 儿子每次打电话回来,妈妈接到电话都如实回答孩子的问题;如果没有接到儿子的电话,也不会特别焦虑。

点评 | 这是放手,妈妈放手让孩子体验他的真实感受。

(5) 孩子的电话从每天五六个,到三四个,到一天一个,再到一周一次,这个过程持续了一个月。

点评 | 妈妈没有急于求成,她知道改变需要时间,她相信孩子会慢慢走出这种焦虑的状态。

当孩子的不安全感在妈妈那里得到积极的回应,他的这种担心和恐惧就自然而然地消失了。

选择、接纳、连接、改变、放手,正是本书5章的内容。对自己的选择负责,接纳生活的本来面目,让家庭的连接永远不断,改变从自己做起,静等花开,最后是带着爱放手;我感到特别欣喜的是这些在妈妈B的身上全部看到了。

妈妈A后来告诉我,当她不再纠结于打电话这件事后,儿子的情绪也好了很多,和妈妈聊的话题也多了起来。以下是她在微信群里分享给我们的心得。

和亲们分享一下我回家后这3天的感受吧。我属于落在人群里就不想被人注意到的那类人,也不善言辞,现在竟然想着和大家分享一下我的感受。

说实话好奇怪,此刻我怎么会有和老公以前谈恋爱时写信的那种感觉呢,既激动又紧张。王老师的能量真的太强大了,听过老师的课后我感觉浑身都充满了力量。不感受不知道,真的是不可思议,我现在竟然对娱乐新闻节目不感兴趣,喜欢上看书了,感觉以前的自己傻傻的,浪费了那么多的美好时光,好在一切都还不算晚。

第 1 章　接管我们的人生——选择

回来后我对儿子打电话这件事也没有再纠结，欣然接纳了孩子的这种行为，也学会多觉察自己。孩子本身是没有问题的，许多问题其实是家长自身的原因造成的。这两天儿子也很开心，在睡前特殊的时光里我们聊了许多话题，包括他对初中生谈恋爱和同学之间暴力行为的看法。之前是不怎么聊这些的，这让我很欣赏他，好好地夸奖了他一番，他很开心地睡觉了。

以前感觉孩子是内向型的，现在突然发现他活泼可爱了很多。自己之前只是揪着孩子的问题不放，久了便形成了心结。当我把关注点放在自己身上时，发现一切就都不是问题了，孩子行为的原因也变得清晰起来。

前天晚上我们一家三口还开了小型家庭会议，整个过程特温馨、特有意思。我和老公还一起制订了减肥健身的计划，由儿子监督。这个课程真的是太有效了。虽然对王老师教授给我们的知识和技能有些我还没消化吸收，一知半解，但今后我学习的思路是很清晰的。现在我的计划就是先把书认真读完，专心按作业的要求去做，一步一步地来，一点一点地进步。我相信自己也可以做得更好，所以第一步我要把书认真地读一遍。今后要多向老师和各位亲们交流学习。祝大家开心快乐每一天！

很多妈妈告诉我：看见自己是多么的难。是啊，如果不做妈妈，也许我们都没有机会真正了解自己呢。如果永远把重心放在抱怨别人上，那一定做不了好妈妈。做人不也是一样的吗？

> 每日一小步

我选择——变被动为主动

从我们记事开始，很多事情就已经无法重新选择了，我们的父母、兄弟姐妹、身高、肤色、性格、文化等，这些都是人生拼图上的底色。等到我们长大成人，终于开始接管人生，接下来就会发现很多不尽如人意的地方。原生家庭可能会给我们带来很多痛苦，求学之路不一定顺利，工作也未必称心如意，我们的能力和期望之间总是有着巨大的鸿沟。面对这样一手"烂牌"，很多人会说："我真的别无选择。"

有些人开始抱怨上天的不公，让我们拿了一手烂牌。不幸福的童年，未能如愿的高考，工作如同鸡肋，婚姻遇人不淑，喝凉水都长肉的基因，总是控制不住的脾气……每当遇到困难，我们总想找个能怪罪的对象。可能是自己的家人，可能是这个世界，也可能是我们生活的环境，或者我们会埋怨自己；但最后发现，抱怨并不能帮到我们，反而会让我们原地踏步，对生活越来越不满意。其实一切都是我们自己的选择，能改变的也只有我们自己。如果你能看到这一段文字，你的人生其实已经由你掌管了。

有时我们期待别人给我们答案。这些年我遇到很多妈妈向我寻求帮助：孩子不愿意上幼儿园，每天早晨哭闹；婆婆总是给孩子吃太多的零食；老公脾气不好，两人无法沟通；青春期的孩子学习成绩下滑，不喜欢上学；无数次减肥，但越减越肥……她们有时坐在我的对面，有时和我隔着手机的屏幕，我从她们的眼神里感受到无助。也从她们发给我的短信的字里行间体会到她们深深的焦虑，每一个人都在问我："我什么办法都没有，你能告诉我该怎么办吗？"而我知道，即便我给了她们一个被无数次验证的"绝对真理"，也会被"但是"全部推翻，因为我们擅长给自己找借口。选择权其实在自己的手里，只有心甘情愿地选择才是最有效的。

修炼从改变思维定式开始，而改变思维定式的第一件事就是变被动为主动。注意一下，你今天有没有说"我不得不"；也许嘴上没说，但或许心有所想，比如：

- 我不得不做饭，因为别人做的饭太难吃了。
- 我不得不上班，因为我要挣钱养家。
- 我不得不陪孩子写作业，因为如果我不这样，他就不好好写。
- 我不得不吃垃圾食品，因为我管不住自己。
- 我不得不冲着孩子大吼，因为我控制不住自己的脾气。
- 我不得不让孩子上课外班。

不知你有没有"中枪"？

> **第 1 章**　接管我们的人生
> ——选择

"不得不"的背后是一种责任的推卸，它带给我们无力感。作为一个成年人，我们要为自己所有的行为负责，所以，尝试着把"不得不"替换成"选择"，这样你会发现自己内心的需求。

- 我选择自己做饭，因为我做的饭更好吃。
- 我选择上班，因为我在做着自己擅长的事情，并且这给我带来经济收入。
- 我选择陪孩子写作业，因为我想陪伴他、帮助他。
- 我选择吃垃圾食品，因为它很便捷，而且美味。
- 我选择冲着孩子大吼，因为我没有找到更好的办法。
- 我选择引导孩子坚持不懈，因为努力是一项能够持续终生的重要品质。

不用评判自己，只是把"不得不"替换成"我选择"，记录下来，觉察一下自己的内心有什么样的变化。

(1) 我不得不＿＿＿＿＿＿＿＿＿＿　　因为＿＿＿＿＿＿＿＿＿＿＿＿

　　我选择＿＿＿＿＿＿＿＿＿＿　　因为＿＿＿＿＿＿＿＿＿＿＿＿

(2) 我不得不＿＿＿＿＿＿＿＿＿＿　　因为＿＿＿＿＿＿＿＿＿＿＿＿

　　我选择＿＿＿＿＿＿＿＿＿＿　　因为＿＿＿＿＿＿＿＿＿＿＿＿

(3) 我不得不＿＿＿＿＿＿＿＿＿＿　　因为＿＿＿＿＿＿＿＿＿＿＿＿

　　我选择＿＿＿＿＿＿＿＿＿＿　　因为＿＿＿＿＿＿＿＿＿＿＿＿

(4) 我不得不让孩子

　　我选择引导孩子＿＿＿＿＿＿　　因为＿＿＿＿＿＿＿＿＿＿＿＿　▲

2. 当妈很少"纯天然"，只要开始就不怕慢

当我们知道做妈妈要反观自己和改变自己的时候，却发现无从下手；这样一个如此具有挑战性的工作，我们以前所受的教育竟然大部分都用不

上，我们基本上都是无证上岗。

有的人学习高深的科学知识非常擅长，但在做妈妈这件事上屡屡碰壁；有的人在单位管理员工很有章法，但面对孩子却束手无策；还有的父母生意做得很大，吃过很多苦，有着超强的抗挫力，但一提起孩子的考试成绩就掉眼泪……很多妈妈，她们在自己的领域里非常出色，上刀山下火海都能搞定，但是唯独对做妈妈这件事情感到很挫败。

提问　为什么做妈妈这么难？

因为我们养育孩子的方式，带着几十年来自身成长的烙印，但自己却毫无察觉。

对于父母的养育方式，你是全盘复制，还是全盘否定？

在我的家长课堂上，有很多体验式活动，家长们经常要扮演孩子，体会做孩子的感受。扮演结束后，我不止一次看到妈妈们泪流满面，她们在扮演孩子的时候看到了童年时的自己，但最让人痛心的是，她们在自己身上看到了当年父母的影子。"己所不欲，勿施于人"，这八个字说起来容易做起来难。

还有的时候，我们在经历了原生家庭养育方式带来的痛苦之后，又对其全盘否定，结果走向了另一个极端。

我一出生就被爷爷奶奶带走，养到2岁才回到父母身边。妈妈脾气暴躁，所以我没少挨打挨骂。从小我就立志将来一定要做一个和我妈不一样的妈妈，但是我只知道我不想要什么，在推翻了父母的养育方式之后，接下来我并不知道该怎么做。

女儿出生的时候我什么也不懂，只是想着不要打不要骂，不要让她不喜欢我。那个年代关于养育孩子的书籍也很少，也没有如今这么发达的互联网。有朋友向我推荐一本《斯波克育儿经》，我也看不下去。所以，稀里糊涂地把女儿养到十几岁，确实基本没有打骂过她，也维持着还不错的母女关系，但她猛烈的青春期让我无所适从。我意识到以前的"散养"方式其实是有问题的，缺乏原则，缺乏必要的坚持。从父母严苛的养育方式走向纵容，我从一个极端走向了另一个极端。

无论是哪种方式，当我们觉察到这一点后，就好像在黑暗的房间打开了一盏灯，恍然大悟。那么，对于原生家庭的养育方式，到底是复制还是否定？都不是，它应该来自我们不断思考和实践之后的新选择，是我们给自己和孩子定制的新选择。

你习惯用脑思考，还是用心感知？

我有一个学员，她的妈妈是个农村妇女，养育了五个孩子，即便在20世纪七八十年代也从来没有打骂过孩子。而孩子们却非常尊敬妈妈，她们长大成人后有什么问题仍然愿意去听妈妈的看法，因为妈妈虽然没有文化，但是很有智慧。这个学员说到自己曾经大龄还未婚，相亲二十几次都没有成功，给妈妈打电话的时候，妈妈不着急也不催促，反而安慰她说："这次又没成，你一定很难过吧？"我当时脱口而出："这就是我们经常讲的认同对方感受的方法。"这是现代心理学中非常重要的理念，而且是非常难做到的一件事。显然，妈妈没有学过这些方法，她说出的话是经由自己内心智慧的指引。

我经常听妈妈们谈论怎么对付孩子。以我们成年人的头脑，有来自职场上的分析能力，有来自商场上的精明算计，有来自学术研究中的执着，按理对付一个小孩子是绰绰有余的。每当此刻我通常会打断大家，然后问一个问题。

提问　你是在用脑思考，还是在用心感知？

用脑思考往往是对外在的分析和评判，我们会不自觉地评判一件事情的"对与错"、一个人的"好与坏"，从而用"我应该……"来解决。

- 怎么考了97分，那3分是怎么回事？我应该好好说说他。
- 这道题昨天不是做对了吗？怎么还错？你应该好好反思。

- 你是哥哥，怎么能打弟弟？这件事是不对的，你太自私了，我应该教训你一顿。

用心感知是向内的洞察，是看到事情本来的面目，而不是评判；是感知对方的内心，而不是给他贴标签；是用心体会对方的需要，然后找出解决的办法。

方法 |

- 如果我考了97分，我会是什么样的感受？
- 如果我昨天做对了这道题，今天又不会做，会是什么原因呢？
- 如果我是哥哥，我会因为什么打弟弟？妈妈批评我的时候，我是什么感受？

用脑用惯了，找到心的感觉其实挺不容易的。有一些简单的办法可以帮助我们找到自己的心。

方法 |

- 闭上眼睛，感知一下。如果你身体僵硬，八成是在用脑思考，所以要让身体放松。
- 深呼吸，把手放在自己的心口上。
- 找出孩子的一张照片，看着他。这个孩子，你爱他胜过一切。他不是那个处心积虑要和你作对的小魔头，他是一个成长中的孩子。他也爱你胜过一切。

我们和孩子、和亲人的关系不同于工作关系，它需要我们先找到自己的心；心找到了，做妈妈的感觉也就找到了。

我观察了一下，那些在幸福家庭长大的女孩子，当她们成为母亲后，通常都自带养育自己孩子的天然智慧。但这些人毕竟还是少数，如果你是那大多数，不是一个"纯天然"的好妈妈，也没有关系，至少你能更深刻地体会什么叫"己所不欲，勿施于人"。这也是很多人走上从事教育道路的原因，她们希望去影响和造福更多的家庭。只要开始了就不怕慢，想一想，我们的孩子也许以后会因此成为天然的好父母呢。

> **万能清单**
>
> ### 怎样才能给妈妈加满"油"
>
> 几十年前，妈妈骂孩子打孩子是天经地义的事情，但现在不同了。我经常在家长课堂上听到这样的话："我老是控制不住自己的脾气。"妈妈们知道对孩子不该打不该骂，但关键时刻总是忍不住，即便忍也是强忍，结果都快憋出内伤来了。
>
> **提问** 在什么时候，你最不容易控制自己的情绪？
>
> 大家的回答是："身体疲劳的时候、生理期、事情太多的时候、老公不合作的时候……"
>
> 做妈妈确实是激发了我们由内到外的各种能力，于是大家都在"超常发挥"。养育孩子本来不是妈妈一个人的事情，但是由于妈妈不放权，身边的人就没机会做，自然也就做不好，这也就让妈妈更不放心了。恶性循环的结果是妈妈们事事亲力亲为，但带来的问题是过度透支自己；透支自己的结果是无法控制情绪，于是妈妈一发火，殃及全家人。
>
> **提问** 在什么时候，你觉得自己的脾气最好？
>
> 大家的回答："睡了个好觉、吃美食、和朋友聚会、逛街、做美容、读了本好书、健身……"
>
> 乘坐飞机的时候，不知你有没有注意过，在起飞前播放的"安全须知"里都会强调，如果身边有老人和小孩，请在发生紧急情况时先戴好自己的氧气面罩，然后再帮助其他人。妈妈的情绪是家庭的晴雨表，影响着全家人的和谐，而只有先照顾好自己，才会有平和的心态。

但是很多妈妈说自从有了孩子，工作量翻了几倍，时间严重不够用。如果又添了二宝三宝，恨不得每一天都和打仗似的，不仅自己如此，全家人都忙得不可开交，每个人都觉得自己是超负荷运转的，妈妈哪里有时间照顾自己呢？其实做妈妈这件事和其他工作一样，需要巧妙地利用周围一切可利用的资源，包括人力资源和非人力资源，这样既照顾了自己，孩子也能健康成长，整个家庭也会回到和谐的状态。

在课堂上我曾经做过一个活动，名字叫"爱的能量杯"。我把一个玻璃杯注入红色的水，代表一个妈妈一天的能量。也许我们昨天睡了个好觉，今天早晨能量杯是满满的；也许昨天晚上老二发烧，一晚上都没睡好，那么今天的能量杯已经不满了；接下来，各种意外开始消耗着我们的能量。

有一个妈妈告诉我她家的早晨发生的各种意外：

例　老大今天早晨才说要穿校服，但校服昨天刚洗还没干，赶紧拿吹风机吹。

老二吃饼干，渣子撒了一地；刚换好衣服，就泼了自己一身的果汁，赶紧换衣服。

好不容易把两个孩子都送走，正琢磨着今天晚上和闺蜜约会穿什么衣服，父母打来电话说厨房的下水出了问题，满地是水，我还要打电话找人去修。

老公打来电话，说晚上有饭局，那么就没人看孩子了，所以我和闺蜜的约会只能取消。

……

等到下午两个孩子回到家，妈妈能量杯里的能量就仅剩一点点了。这个时候一丁点冲突都可能会点燃这个快没有能量的妈妈，那时候，所学的任何方法估计都统统丢到脑后了。

对此，可以找一个安静的地方，放下自己的一切角色，此刻我们不再是妈妈、老婆、子女、员工……问问自己内心的需求。刚才说的这位妈妈花了30分钟时间写下了这个清单：

Why 什么样的事情最消耗我的能量？

- 时间紧的时候出状况。

- 屋子里太乱。

- 不被关注。

在这一点上，人与人的差异很大。比如聚会对于一个外向的人来说是获得能量的方式，而对于一个内向的人来说可能就是消耗能量。我观察过自己的能量杯：和很多人应酬消耗我的能量，陪孩子玩那些打仗的游戏，哪怕只有几分钟都很耗能；相反，陪孩子练琴、上课外班这样的事情，很多妈妈都头大，我却觉得挺有趣。

这个妈妈也反思了一下自己，她特别爱整洁，所以果汁洒一身、饼干渣掉一地、孩子校服上的污渍等都会让她特别烦，不马上处理就难受。另外，她需要被理解，老公临时有约她能理解，但老公说了一句"反正你和闺蜜见面啥时候不能见，再说你们一起聊天也没什么重要的事儿"。这种不被理解消耗了她的能量。

确切地说，不是那些生活中发生的事情，而是我们对事物的态度和看法，消耗掉我们的能量。了解这一点，会让你更能对各种意外的发生有心理上的准备。

What 我的需要是什么？

- 有序。

- 整洁。

- 被理解。

了解自己的需要很重要，比如当这个妈妈知道是自己对整洁标准要求过高，就不会简单地迁怒于孩子。因为对于这个年龄的孩子来说，果汁洒身上、饼干渣掉一地是非常正常的事情，以后可以选择一些不会掉渣子的食品，或者给孩子选择不易洒出的杯子来喝果汁。当她知道自己需要被理解，就可以告诉老公："我和闺蜜约会看起来是件很普通的事情，但这对我很重要。我们互相分享自己的烦恼以及各种资源，这会让我的能量满满，我特别需要你的理解。"

How 有什么事情能给我能量？

方法 |

- 上自己喜欢的老师的瑜伽课。
- 读一本喜欢的书，并且分享给其他人。
- 烘焙。
- 和死党吐槽。
- 与老公约会。
- 看到孩子可爱的时候。

妈妈的能量杯需要自己不断地去注满，有时仅仅需要10分钟，比如冥想；有的可能是一项长期爱好。这个妈妈喜欢烘焙，她告诉我，揉面的过程非常静心，所以她可以在孩子们都上学之后做一款新学的甜点；或者可以看看今天瑜伽课的课表，有时间就去做个瑜伽。

有压力不要自己扛，我们的烦恼来自亲人，但我们的快乐也是来自他们。翻看孩子小时候的视频和照片，和老公在白天约个会，另外还可以和自己的三五好友吐个槽，互相之间鼓个劲。

下面该你啦，写下自己的加油清单，但最重要的是去做。

Why 什么样的事情最消耗我的能量？

> What 我的需要是什么?
>
> How 有什么事情能给我能量?

3. 四个妈妈的故事:手拿什么牌,都能打出彩

这些年通过讲课,我认识了很多普通而又不普通的女性。说普通是因为她们不是家喻户晓的名人,不一定有轰轰烈烈的成就,她们有着普通人都有的烦恼,要面对不如意的原生家庭,要为柴米油盐操心,要面对养育孩子的过程中的种种挑战;说不普通是因为无论命运给了她们什么样的底色,她们都能拼出绚烂的色彩,我在她们身上看到了很多共性:勇于选择、不怕失败、不断学习。

这些妈妈,有的在怀孕的时候就开始全职在家,有的做了一段全职妈妈之后重回工作岗位,也有的是在做全职妈妈的过程中发现了新的职业,还有的妈妈休完产假就去上班。我看到的是:无论做出什么样的选择,她们都能过得很精彩。下面我来讲讲4个妈妈的故事。

活在当下,专注于做好一件事

我认识一个妈妈,她从孩子出生起就一直是个全职妈妈,也是我家长课的学员,那时候她的孩子3岁多。她痴迷绘本,她家的沙发上、柜子里都陈列着绘本,她知道去哪里能买到品质高又不是很贵的原版绘本,她能说出这些绘本作者的所有作品,她能告诉我这些绘本上每一页我没留意的妙趣。5年过去了,她一直很认真地做着一件事——让孩子爱上阅读。她会定期地根据主题陈列书籍,比如圣诞节期间她会把所有关于圣诞的书籍摆在小书架上,再过一段时间她又会把和动物相关的书籍找出来。她把所有的书都扫码存放在一个手机系统中并管理起来。

如今,她的原版绘本藏书已经有5000册。儿子现在已经8岁了,果然

是个读书达人，上小学二年级，酷爱阅读，尤其是历史和地理书，英文阅读水平很高。看她的朋友圈也很养眼，每日读书、钻研做饭、收拾院子里的花圃。最近儿子开始学钢琴，她也把小时候学的钢琴重温起来。我曾经建议她要不要做点什么，比如开个公众号教妈妈们帮助孩子进行英文阅读。她很淡定地笑了，这个不是她的目标，她的目标就是陪伴儿子。清楚自己想要什么，不为外部环境所影响，不去杞人忧天，活在当下，把眼前的事情做到极致，这是最大的幸福了。

拿得起放得下，为人父母给了我们勇气

我认识的另一个妈妈，她选择在人生的某个阶段专心做妈妈。她也是我家长课的学员，曾在国内一家知名地产公司工作，是最早期的元老之一。有一天，忽然我在她的朋友圈上看到，她已经辞职带着孩子去加拿大上学了，就因为孩子喜欢冰球，而加拿大打冰球的环境更好。离开国内打拼了十几年的事业，离开国内舒适的环境，去了加拿大一切就要从头开始，这是一件很需要勇气的事。这是她赴加拿大一个月后发的一条朋友圈信息。

赴加满月，冒泡报平安。我真的好忙碌，每天奔波于各冰场、超市、家具卖场，终于从四白落地、家徒四壁，到可以坐着，对，是坐着吃饭；从失联状态到买手机、装Wi-Fi、开银行账户、拥有信用卡、考驾照、买车买保险买钢琴；从研究报名各冰球训练营，到学会正确进行垃圾分类……总觉得自己现在的生活状态很像国宝大熊猫咪咪，为什么？因为我每天都要在心里千遍万遍地问自己：明天的早餐在哪里？最大的挑战是每天要操持伙食，这对半辈子没进过厨房的俺来说真是人生要补的重大课题。好在咱冰雪聪明，凭想象和记忆，也能迅速整出菜肉蛋奶色香俱全的伙食，以至于娃儿也很惊叹："妈妈，你是在飞机上学会做饭的吗？"儿子，要是有这样的飞机，务必给妈妈整一架来。

后来我们通电话，聊起一个人在外带孩子的诸多不易。我问她有没有后悔，她说不后悔，这完全在她意料之中。再后来，看她的朋友圈，儿子冰球越打越好，被顶级私校录取，而她自己竟然又开始上学了。她把做妈妈当作一个工作，用工作的态度来对待。她清楚自己的目标，在孩子需要

陪伴的时候陪伴；我想，当有一天需要放手的时候她也会欣然放手。

拿着一手"烂牌"，一样打出彩

我的一个学员妈妈，她的人生故事充满了坎坷。她3岁之前有一个非常温馨的家庭，妈妈无条件地给予了她很多的爱，可以说用"宠爱"一词来形容一点都不过分。在她3岁的时候，爸爸抛弃了她们母女。从那一天起，妈妈就像变了一个人，经常发脾气，对她不是打就是骂。学校里的同学知道她没有爸爸，经常笑话她、欺负她。后来她去问同学为什么要欺负她，大家说，因为她的妈妈经常去学校数落这些同学，所以他们就报复到她的身上了。

从3岁开始就拿着一手"烂牌"，但她没有仅仅停留在抱怨上，她为自己做出了选择。初中毕业她离开了妈妈，来到北京当了一名"北漂"，在一家公司做器材销售工作。小小年纪的她非常努力，赚取了人生的第一桶金。但是命运似乎没有就此放过她，给了她一次又一次打击。

她和一个歌手谈恋爱，一起做乐队。她开始抽烟、喝酒、泡夜店。男友做生意需要钱，她用自己的信誉担保去借钱，但最终生意失败，债务落到她的头上。为了还债，她去一家唱片公司上班，也就是在这个时候，她的抑郁症开始出现，白天上班时一切正常，但晚上严重失眠。她不止一次地怀疑人生，看了大量的心理学书籍。也就是在这时她遇到了现在的丈夫。他们一起开了自己的公司，而她的抑郁症也慢慢痊愈了。当人生尘埃落定，她开始想做一个妈妈了，但又突然被检查出患了子宫癌。于是她用了半年的时间四处求医，尝试了各种疗法，半年后怀上了自己的宝宝，是个可爱的女孩儿。

做了妈妈以后，她开始到处学习家庭教育，也就是这个机缘我们才认识了。她开始给很多妈妈讲课。新手讲师往往担心自己讲得不好、别人会怎么看待自己，而她关心的是如何去帮助更多的妈妈走出迷宫，我想是因为她最能理解什么是走投无路。

这个在3岁的时候不巧抓了一手"烂牌"的女子,只要有可能,她就努力去做命运的主人,虽然很多时候根本看不到人生的希望。她一路摸索着做选择,有的选择带来好运,有的选择带来痛苦,但她没有放弃努力,不断学习、不断尝试,而上天也一次又一次地用奇迹回报了她。

做妈妈不是牺牲,是完善自我的开始

在我成长的年代,没有"全职妈妈"这样一个名词。我在军队大院长大,有一些家庭里妈妈不工作,一般来说都是因为文化程度比较低,作为随军家属,只能做一些换煤气罐、在小卖部卖东西这样的非正式工作。在我人生的前40年里,从未想过女性还可以不工作,因为那代表着放弃自己。

女儿出生后我很快就上班了,而且还从科研机构跳槽到美国公司。在我工作了19年的时候,儿子出生了,我由一个在美国公司工作的职业经理人,变成了一个全职妈妈。3年后我跨界成为一名自由讲师,从事家长教育至今。我体会过职场妈妈的种种,也了解全职妈妈的生活,而且还经历了从全职妈妈到一个全新职业的转换。

2011年,在我做了两年全职妈妈的时候写了一篇博客,它道出了我那个时候对全职妈妈这样一个选择的看法,我至今仍然认同。

做全职妈妈有两年多了,最近经常有妈妈问我打算什么时候上班,也问我以前的工作是做什么的,最后总是来一句:"你真是能为你家天天牺牲自我啊!"我很诧异,因为我从来没有觉得有任何牺牲。

但我知道大家所谓的牺牲是指什么——是经济的不独立,是事业的中断和再就业的困难,是每天和小孩泡在一起的琐碎,是不被认可的社会地位以及各种风险。而实际上经济独立人格依赖的大有人在,有工作的也不是没有失业的风险,工作的琐碎即便做了老大也在所难免,至于所谓的社会地位那完全是给外人看的。

"牺牲"的说法透露出来的是委屈、是抱怨,实际上人生的任何选择都谈

不上牺牲。即便父母所谓的为孩子吃苦也不是牺牲,是选择而已。觉得吃亏就不要选,选了就别觉得亏。所以,更合适的说法也许是"放弃",而任何放弃其实都是为了得到。

我不喜欢对任何选择争斤论两,但如果实在要算计,其实做全职妈妈是得到了更多。我应该感谢天天,而不是他要感谢我,虽然全职妈妈是我做过的所有工作中最辛苦且责任最大的一个。

在天天出生之前,我从来没想过辞职,当时计划得很好:请两个保姆,休完产假就上班。为了让工作不受影响,我在坐月子的时候就开始看工作邮件,在网上给员工做年终绩效考核,非常敬业。

改变我的想法的是小生命无法阻挡的魅力,从他出生的那一天起,我就开始慢慢"中毒"。记得天天四个多月的时候,每天早晨他见到我就露出无比灿烂的笑容,抱起他后他就兴奋地大叫,用他的脸不停地蹭我的脸,浑身散发出迷人的气味。原来的工作顿时黯然失色,让我一下子"喜新厌旧"。这种魅力让我"中毒"至今都不能自拔。

后来我理性地论证了辞职这个选择,理由包括:①3岁以前对孩子来说很重要,而妈妈是任何人都无法替代的;②不希望天天跟着保姆长大,更何况保姆是稳定性极低的;③专心做妈妈能更从容,不用纠结在工作和家庭之间无法平衡。

但是实际上理由在后,内心的选择在先。人生过半,身外之物越发显得不重要,至于有没有这些理由其实都不重要。

在我看来,做一个妈妈有这样4个境界:

- 承担为人父母的责任。
- 享受天伦之乐。
- 见证生命的成长。
- 完善自我。

现在回过头看这段话,我觉得没有比这更好更贴切的总结了;而这一切都是儿子天天给予的,虽然他浑然不知。也正是这段专心做妈妈的经历,让我走上了学习家庭教育的道路,成为一个原来想都不敢想的自由职业者。也正是在做妈妈的过程中，我看到了自己的弱点和惰性，让我勇敢坦诚地面对真实的自己，走上一条不断完善自己，并且帮助其他人完善自我的道路。

那么，做妈妈有回报吗？

有，孩子对我们的爱固然是一种回报，但更大的回报是我们因此能不断修炼，成为更好的自己。

1.2
听我的，还是听孩子的

我们曾经如此渴望自己能做选择，但一旦做了妈妈，我们恨不得替孩子做所有的选择。那个走路还摇摇晃晃的小不点儿，突然间扭过脸，把你精心制作的、自认为营养最均衡的饭菜打翻，一口都不吃；寒冷的冬天，你的小公主偏偏要穿那件吊带公主裙，而这件公主裙已经穿了两个星期还没洗过；周围那么多好孩子，你的孩子偏要和差生做朋友……到底该听我的还是听他的？一定都不是，正是那些个超乎你思维习惯之外的新选择，教会孩子在未来的日子里有能力独自面对生活中的无数个岔路口。

1. 家长和孩子之间，谁输谁赢

听我的

对于小一点的孩子，家长往往可以通过哄骗或者恐吓搞定孩子，因为这个年龄的孩子特别依恋父母，怕爸爸妈妈生气，取悦父母是他们的生存本能；但是也有的孩子个性强，别的不会，至少会使劲儿地哭，比如在公共场所躺在地上哭，越哭家长越着急，也就越想速战速决，最后可能就是打一顿。

等孩子慢慢长大，尤其是到了青春期，搞定孩子变得越来越难。本来这个年龄的孩子就容易叛逆，不让做非要做，控制、威胁只会让孩子越来越逆反。有的孩子会做出极端的行为，比如离家出走，也有的孩子只是表面敷衍，背地里什么都做。在我的青春期家长班里，有一个活动是请家长回忆自己青春期时的秘密，这下子可热闹了：有人在父母眼里一直是乖孩子，但能够长达一个学期隐瞒父母，利用上课外班的时间去别的地方玩；有的旷课逃学不止一次；还有的在大学时抽烟一整年……这些事情父母完全都不知道。

无论孩子屈服于我们还是表面上敷衍我们，家长的心里都不好受，毕竟在一个家庭里，父母赢了其实就意味着孩子输了。这往往会让我们陷入深深的自责，因为我们并不想让孩子输。

听孩子的

害怕冲突的家长往往会选择妥协，比如不刷牙就不刷吧，今天不想去幼儿园就不去了。即便是非常强势的家长，在很多时候也不得不选择妥协，因为孩子的精力比我们还是大多了，孩子在地上哭上半个钟头，家长的脸都不知往哪儿放，妥协是最快的结束尴尬的办法。

对于青春期的孩子，他们可能已经比家长高半头了，无论体力还是精力，家长已经不是对手。孩子有时会用极端行为威胁我们，比如你要是不让我上网我就去网吧，晚上不回家；你要是非逼着我写作业，我就退学。面对这样的困境，孩子油盐不进，很多时候我们只能妥协。

妥协对很多家长来说意味着自己输了，我们担心自己不再有威信，担心自己对孩子过于溺爱，担心孩子误入歧途，我们也会因为失败而对自己失望。

> 每日一小步

用一个词代替一句话

在我的青春期家长班里,我曾让家长们去问孩子:你最不喜欢父母的哪些沟通方式?大家不妨也去采访一下你的孩子。在孩子不喜欢的沟通方式中,"唠叨"名列第一。父母不是天生就爱唠叨的,面对小婴儿,我们充满爱意地说很多话,但那不是唠叨。等孩子再大一点,当我们想纠正孩子的错误时,会发现说一遍不行,于是就再说一遍;还不行,就不停地说。这样的结果是情绪指数飙升,有可能以吼叫结束。

不是说得越多就越好,有时候我们可以用一个词代替一句话,试试看?

(1) 我都说了多少遍了,别把你的臭袜子到处扔!

　　一个词:袜子

(2) 你怎么老是记不住带外套,外边多冷!

　　一个词:外套

(3) 你看看你,怎么老是不洗手就吃饭,怎么老记不住呢?

　　一个词:洗手

(4) 老公,说了多少遍了,别当着孩子的面玩手机!

　　一个词:手机

记录一下你今天用了哪些词来代替唠叨。

(1) _____

(2) _____

(3) _____

> 神奇问题

2. 我如何搞定他 vs 我如何帮助他

那么到底应该听家长的还是听孩子的?大部分时候都不是。不是非黑即白，黑白之间是彩虹，是第3个选择、第4个选择、第5个选择，是很多个黑白之间的选择，而这些选择都是专注于长期目标的。但为什么很多人看不到黑白之外的选择呢？一个主要原因是我们问错问题了。

✘ 我如何搞定他？

✔ 我如何帮助他？

"我如何搞定他"是一个错误的问题，这个问题的答案无非是控制、威胁、哄骗、唠叨，实在搞不定就只有妥协。它把我们引向非黑即白的困境。

现在换个问题问自己："我如何帮助他？"效果如何？很多妈妈说有一种醍醐灌顶的感觉，她们发现自己的焦虑指数下降，一下子从对立面站到了孩子的身边，继而脑洞大开，各种方法呼呼呼地往外冒。这个时候我们还可以继续问3个问题。

案例　孩子不愿意刷牙

第一步　我如何走进他的内心世界？——找到孩子的需求

这件事的背后他遇到了什么样的困难？他的需求是什么？他如果拒绝告诉我他的想法，我是否要反思我们之间的连接有问题？

- 是不是因为牙膏的味道不太好？
- 是不是因为我帮他刷牙的时候让他很不舒服？
- 是不是从一个活动切换到另一个活动需要时间？

第二步　我如何帮助他培养能力？——找到长期目标

孩子的能力是逐步建立起来的，比如时间管理、平衡学习与娱乐、自控力、表达自己的感受、合作等。大人尚且需要用一生来学习，所以，如果孩子用一年、两年乃至整个学生生涯来习得这些能力也是非常值得的。以培养能力为目标会让我们眼界开阔，不再急功近利。

刷牙涉及的能力有很多，例如：

- 动作精细。
- 从一个活动切换到另一个活动。
- 表达自己（可能牙膏太辣，可能妈妈弄疼了我，但我说不出来）。

第三步 我们如何一起找到更好的办法？——一起做出新的选择

既然是以帮助对方为目的，那我们就会知道这不是一个一厢情愿的事情，只有孩子选择的答案才更容易做到。

方法｜

- 看刷牙动画片。（好玩儿永远是孩子的重要需求）
- 去牙科医生那里，让医生教他刷牙。（刷牙这项技能，妈妈不一定是专家哦）
- 把刷牙步骤分解成很小的步骤，容易的步骤让孩子操作，困难的步骤妈妈操作。（分解小步骤让孩子更容易成功）
- 提醒孩子刷牙的时候可以事先提醒，上个闹钟，然后让闹钟代替妈妈的命令和吼叫。（非语言往往比语言有效）
- 当孩子成功地完成刷牙，大大地鼓励他，当他遇到困难，仍然鼓励他的微小进步。（专注于长期目标哦）
- 当某一天晚上孩子抗拒刷牙，在正准备进入备战状态的时候，可以问一下自己：我是想搞定他？还是想帮助他？（时刻用神奇问题提醒自己）

下面来看另外两个例子，让我们练习一下如何用神奇问题找到更多的办法。

案例 孩子不愿意背单词

第一步 我如何走进他的内心世界？——找到孩子的需求

- 有多少单词？记不住哪些？

- 是记不住意思还是拼写有困难？
- 这些单词哪些属于常见词？哪些属于专业生僻词？
- 背单词是不是太枯燥？

第二步　我如何帮助他培养能力？——找到长期目标

背单词里面涉及的能力可能有：

- 短期记忆能力。
- 阅读的基础。
- 时间安排。

第三步　我们如何一起找到更好的办法？——一起做出新的选择

- 找找看有没有合适的手机应用帮助背单词。（死记硬背的时代过去啦）
- 买一些图文并茂的词典。（有些东西没见过，只看文字实在不知道是什么意思）
- 让孩子慢慢爱上阅读，阅读不会让孩子的英语水平马上提高，但阅读多的孩子英文一定不会差。（关注英文能力的培养，这是长期目标）
- 全家人一起比赛背单词。（枯燥的事情大家一起做更有趣）
- 如果今天比昨天哪怕多记住一个单词，都给予大大的鼓励。（鼓励使人进步）

案例　孩子写作业经常写到半夜1点

第一步　我如何走进他的内心世界？——找到孩子的需求

他遇到了哪些困难：

- 可能是有些作业太难。
- 可能是作业太多。
- 可能是放学回到家比较累，精力不容易专注。

- 可能最近有一些烦恼无法集中注意力。

第二步　我如何帮助他培养能力？——找到长期目标

写作业涉及的能力有：

- 课堂知识的掌握。
- 时间和精力管理。
- 个人健康管理。
- 社交能力。

第三步　我们如何一起找到更好的办法？——一起做出新的选择

方法 |

- 检视作业，如果是内容没有掌握，也许需要补课。（分析问题，抓重点，这样的能力在工作中一样重要）
- 列作业清单，看看哪些需要较多的精力和时间完成，看看哪些作业可以穿插完成，比如动静结合，不同科目切换。（做计划这样的能力会受益终生）
- 上个番茄钟，做25分钟休息5分钟。（枯燥的困难的事情最难专注，有时候要靠外力）
- 做作业间隙可以出去走走，或者做几个俯卧撑，让自己清醒。（体育运动帮助身体分泌多巴胺，提高效率）
- 鼓励孩子的每一点进步。（在孩子做对的时候，一定要多鼓励）
- 多连接，告诉孩子你爱他。（也许你会说这和写作业无关，但这能帮助你走进他的内心）
- 如果觉得作业实在是暴力作业，也可以去和老师沟通。（是的，这点很难，但是这可以培养孩子勇于表达自己的能力）。

我在课堂上经常引导家长们把"如何搞定他"改换成这3个神奇的问题，思维方式改变了，家长自己就能找到很多方法，而不是等着讲师给答案。而且很多家长告诉我，孩子的办法比家长多，孩子不是机器，我们不可能像编码一样，把正确的方法全部植入他们的大脑，但在这样一个过程中，我们培养了孩子解决问题的能力。

> **每日一小步**
>
> ### 用正面语言代替"不语言"
>
> 我们每一天都会对孩子说很多"不""别"这类的"不语言"，试着把自己放在孩子的角度，他们能否理解我们到底想让他们做什么？还有的时候，我们不希望孩子做的事情，用"不语言"说出来只会起到强化的作用，比如"不要动饮水机"，小孩子脑海里的画面就是"饮水机"，对吗？
>
> 留意一下你每天说了哪些"不语言"，试着用正面语言替代它。
>
> (1) 不语言：　　别乱动！
>
> 　正面语言：　　看着前面的镜子。
>
> (2) 不语言：　　不要哭！
>
> 　正面语言：　　来妈妈这里，抱抱。
>
> (3) 不语言：　　别没完没了的！
>
> 　正面语言：　　请你告诉我发生了什么。

1.3 知道了理念，我如何选择方法

每一期家长课的第一节里，我都会问这样一个问题：

"你们都用过什么样的管教方式?"

5年前的回答中,消极的方法居多:"命令""惩罚""打""威胁""唠叨""贿赂"等;近两年的回答中,多了很多积极的工具,比如:"让孩子自己解决""角色扮演""沟通前先连接""共情"。

这是一个可喜的现象,说明现在的妈妈们已经不再沿袭着上一代的养育方式。这些年来,家长教育相关的课程、书籍和文章让新手妈妈们有了很多学习的途径。

但是新的问题出现了,我们每天被各种养育方式轰炸,有的方法她用了很好,但我做起来很困难;有的时候A专家说要这么做,B专家又提出相反的观点;大道理我们都懂,比如尊重孩子、爱孩子、尊重规则,我们知道什么不对,但是不知道该怎么做;毕竟孩子不是小白鼠能让我们随意做实验,于是很多妈妈经常问我:"王老师,我这样做对吗?"

1. 教养方法那么多,哪种适合我

我经常发现不同的家长在意的事情差异很大,一个问题可能非常困扰一个家长,在另一个家长眼里就不是事儿。比如有的家长非常在意孩子吃零食,而有的家长觉得随便吃没关系,吃腻了就不吃了;有的家长觉得孩子太随遇而安,希望孩子能更上进一些,其他家长觉得这反而是一个优点;有的家长觉得要严格遵守作息规则,但有的家长认为人可以随性一些,不必过于教条……所以一个方法适合一个家庭,但可能完全不被另一个家庭接受。

提问 **我们如何找到适合自己的教养方法呢?**

教养方法背后是我们的家庭的核心价值观,很多人一听说价值观都觉得很虚,或者说从来没有想过。所以说为什么做妈妈是一场修行,它让我们开始思考很多以前从未思考过的问题,人生就是这样一个不断澄清价值观的过程。

两个人因为爱而组建了一个家庭，但很多分歧的产生不是因为不爱，而是价值观的不一致。没有孩子的时候会相对简单，其实听谁的都没有很大差别，但是孩子的降生，让我们发现，如果没有清晰的家庭价值观，哪怕一些很简单的选择都会让我们纠结。

找到家庭价值观，不是一天两天的事，需要不断地思考，不断地和配偶讨论，而这个过程拉进了我们之间的距离，让生活拨开迷雾，越来越清晰。

虽然价值观这个词有点虚，我们仍然能让它稍微具体一些，它体现了我们对这些事情的看法，比如：

(1) 如何看待家庭？

"家庭就是我们一家三口。"

"大家庭才是家庭，我爸我妈我哥我姐对我很重要，她们的事就是我的事。"

(2) 如何看待爱情？

"爱情是两个人之间不可或缺的。"

"爱情也许在这个世界是不存在的吧。"

(3) 如何看待工作？

"工作是谋生的手段。"

"工作一定要真爱，做到极致。"

(4) 如何看待金钱？

"金钱非常重要，贫贱夫妻百事哀。"

"金钱够用就好。"

(5) 如何看待快乐？

"孩子吃得开心我最快乐，做饭让我快乐。"

"旅行让我快乐。"

(6) 如何看待苦难？

"平平安安最好，不要折腾。"

"苦难是人生的财富。"

(7) 如何看待朋友？

"做人一定要交很多朋友。"

"有三五知己就是人生之幸事。"

(8) 如何看待自己？

"让周围的人认可我更重要。"

"我是我自己，别人的评价只是参考。"

(9) ……

我们还可以不断补充这样一个清单，这些问题没有统一答案，也没有简单答案。

比如"如何看待家庭？"，有的人认为家庭是指包含父母和亲戚的大家庭，那么很多家庭决策都是围绕这个大集体做出来的，比如会在尊重长辈上对孩子要求更高。

比如"如何看待工作"，有的人认为工作就是要出类拔萃，做到极致，在金钱上有高度回报，那么他会觉得孩子得过且过是不能容忍的。

比如"如何看待快乐"，有的人认为，行万里路是快乐的来源，那他就可能带着孩子走遍世界各个角落；但也有人觉得读万卷书是快乐的来源，那他会为孩子不爱读书而遗憾。

在这里给大家留下了一个比较大的课题，但非常值得深思，思考得越清晰，在养育孩子的道路上就会越淡定，也会更容易找到适合自己家庭的养育方法。

2. 找对大原则，DIY 小方法

在养育孩子的过程中，每天我们都会遇到很多琐碎的问题，不是每个问题都可以去咨询专家的，因为专家毕竟不住在我家，他也不了解我家的情况，如果我们能有一个大原则，接下来有一套方法论，然后能给自己对症下药，那岂不是很好。

这个大原则是和善与坚定并行，这是正面管教创始人简·尼尔森在她的《正面管教》一书中提出的，她指出和善是指尊重孩子，坚定是指尊重自己、尊重情形、尊重他人和环境。在这里我会把尊重情形改为尊重规则，便于大家更好地理解。

"并行"非常重要，不是"或者"的关系，一个方法既要"和善"又要"坚定"。很多时候我们看到家长过于和善没有原则，和善过了头发现孩子无法无天，于是又开始坚定，坚定完了又担心孩子心灵受创伤，这时又走到了过度和善的一边。家长在坚定和和善之间不停地摇摆，而孩子呢，也无所适从，只能不停地试探父母的底线。

当我们知道了这个大原则，就可DIY自己的方法了，刚开始你可能觉得要考虑的方面很多，但当这样的思维方式成为习惯，方法就是分分钟的事儿，最关键的是这是适合你家的方法。

提问　和善背后的尊重是什么？

都说我们要尊重孩子，那到底什么是尊重孩子？很多人会把尊重和骄纵画等号，以为尊重孩子就是让孩子做主，其实不然。

尊重孩子主要体现在以下几个方面。

尊重孩子的年龄

任何养育孩子的方法，如果脱离了年龄这个因素都是无效的。

例　"我的孩子18个月，我们家吃糖的规则是一次吃5颗，但孩子吃完还想吃，我就又给了他2颗，结果第二天吃完5颗，他还要吃，我是不是不应该第一天多给他那2颗？我要不要在每一件事上都制订规则？"

对于一个18个月的孩子，你把一堆糖摆在面前，告诉他只能吃5颗，吃完5颗再吃2颗，然后就不能再吃。18个月的孩子只知道眼前，不知道未来，这样复杂的逻辑，以他的认知水平还不能理解，更谈不上遵守。

DIY 小方法

- 只把今天要吃的零食拿出来摆在他的面前。
- 哭闹时也可以转移注意力，而转移注意力只适合非常小的婴儿，不适合大一点的孩子。

所以我们在选择方法的时候首先要考虑的是孩子的年龄，我们要考虑对于这个年龄的孩子，如何表达他才能理解。

尊重孩子的天性

孩子没有完全相同的，即便双胞胎也会性格迥异，内向的、外向的、慢热的、敏感的等。但他们又是有共性的，和成年人相比，他们都喜欢玩儿，同样一句话，如果用孩子喜欢的语言和方式说出来，效果就会大大不同，所以好玩儿非常重要。

例 "我们家的规矩是饭桌上老人和长辈先动筷子，孩子才能开始吃，但孩子经常忘记，我如果不及时指出，他会记不住，但指出来他会不高兴，好好一顿饭，结果大家吃得都不开心。"

DIY 小方法

- 有的孩子好面子，也许你需要悄悄地在他耳边指出。
- 也许你可以事先和他约定一个眼神或者手势。
- 讲规则不一定要一脸严肃，或者说最好不要一脸严肃，尤其是对于小孩子。
- 孩子都喜欢游戏，可以在平时用各种游戏的方式教授孩子礼仪，比如角色扮演吃饭礼仪，还可以让毛绒玩具一起参加。

总之和孩子交流，内容上要简洁，方法上要好玩儿，基本就能解决大部分问题了。

尊重孩子的情绪

很多时候妈妈们都受不了孩子哭闹，有时候孩子不仅哭闹，还会摔东西、打人，这让妈妈们更加抓狂。

例 "王老师，我的孩子两岁八个月，我告诉他每天可以看一集动画片，但昨天他看完还想看，一直哭闹，我告诉他可以看两集，然后一周不能再看，他同意了。但是今天看完一集他还想看，根本忘了昨天的约定，我不同意他就摔遥控器，大哭大闹，无奈我只能让他看了两集，怎么办？"

看不到想看的电视，孩子会很沮丧，比如这个例子里的孩子，会大哭大闹、摔遥控器，很多时候妈妈们都受不了孩子的哭闹，更受不了摔东西这样的行为，也许会妥协，也许会责骂，于是"战争"升级。情绪无罪，儿童处理情绪的能力还没有建立起来，所以会有很多过激行为。

DIY 小方法

- 可以让孩子哭闹一会儿，哭闹本身就是一种释放。
- 也可以抱抱孩子。
- 等孩子平静下来再教给他一些管理情绪的方法，比如建立一个冷静角、深呼吸等。

尊重孩子的需求

孩子的需求很多，排在第一位的就是生理需求，尤其是小孩子，饿了、困了、累了都会让他们失控，这个时候妈妈们讲大道理是无效的。做妈妈的如果能迅速捕捉到孩子的这一层需求，比如孩子已经很疲惫，但还是坚持要在游乐场玩，但玩的时候又非常暴躁。这个时候抱上汽车，你会发现不到一分钟孩子就睡着了，他在此刻最需要的是睡觉，虽然他自己并不能表达出来。

孩子还有很多需求比如安全感、被爱、权利等，我在本书中都会慢慢讲给大家。

提问　坚定背后的尊重是什么？

尊重自己

例　"每天下班回到家，孩子马上就要我陪他玩，我真想先换衣服，然后休息一会儿，但我要是不陪他玩儿，他就哭闹。"

做妈妈的不是超人，我们有时候觉得孩子不懂事，那是因为我们没有告诉他我们自己的需求。我们需要休息、我们需要有自己独处的时间、我们需要会朋友、我们需要有和配偶度过二人世界的时间。这些需求我们都可以选择在大家都比较平静的时候，用孩子明白的方式告诉他。

DIY 小方法|

- 可以分派给孩子任务，每天妈妈一进门就帮妈妈拿拖鞋。
- 可以交给孩子一个小定时器，上5分钟的定时，妈妈休息5分钟再陪宝宝。
- 还可以先亲孩子10下，让孩子数，顺便练习了数数，然后妈妈去休息5分钟，形成惯例，大家都轻松。
- ……

尊重规则

例　"我给孩子制订好了每天只看15分钟iPad的规则，但是有时候他会说再玩一局，我要是正好忙别的事儿就随他去，但是例外的时候越来越多，我是否要这么刻板地遵守规则？"

规则就是用来遵守的，遵守规则发生在当下，越是简单越容易遵守。那么遵守规则孩子一定开心吗，当然不一定，而不开心也是完全正常的，不代表遵守规则有什么不妥。

规则也是用来打破的，一个规则如果屡屡不奏效，很有可能是它已经不适合现有的情形，也许需要考虑重新制订规则了。

DIY 小方法

- 找一个时间和孩子坐下来，和他讨论每次玩 iPad 15 分钟的时间是否合理。
- 观察一下孩子都在玩什么游戏。
- 一起看看每周的时间安排，也许不一定要每天玩 iPad，可以集中在周末，每次时间长一些。
- 规则制订好之后，贵在坚持，少说话，多微笑。

尊重他人和环境

例 "孩子3岁，带他出去吃饭的时候，他经常在餐厅里面跑来跑去，或者大声尖叫，我知道这是他的年龄特点，他天性也比较好动，都说要尊重孩子，但我又觉得周围人肯定认为我养了个熊孩子，很难堪。"

尊重他人和环境和尊重孩子可以并行，当我们了解孩子的年龄特点和性格特点后，我们可以选择一些适合他的环境，而不要带他去那些需要绝对安静的环境，比如高档餐厅、工作会议等。

DIY 小方法

- 选择适合儿童的餐厅，比如有的餐厅有儿童活动区域。
- 给孩子带一些不会发出声响的玩具。
- 订餐到房间里吃。

每日一小步

DIY 属于自己的小方法

我们可以随便拿出今天和孩子相处中出现的挑战，用下面这3步 DIY 一个适合自己的解决方案。

孩子8岁，不到6岁开始学钢琴，这些年因为学琴家里鸡飞狗跳，最近一次要去上课的时候他说："我不想学了！"我不知道该放弃还是该坚持。

第一步 我们为什么要这样做？——我的家庭价值观是什么？

反问自己，我为什么要让孩子学琴？如果只是因为大家都学我们也学，也许是时候要思考一下了。

学习乐器，有很多价值观的体现，包括：

- 如何看待音乐在生活中的作用？
- 如何看待坚持？
- 如何看待孩子应该承担的责任？
- 如何看待父母应该承担的责任？
- ……

假设我们的价值观是：

- 让孩子学习钢琴是因为希望他能有一个音乐方面的爱好，并不是要走专业道路。
- 学一样东西就要坚持到底。
- 孩子应该承担主要的责任。
- 父母在弹琴的过程中承担的责任是付学费、接送、陪练。

接下来就可以看看如何DIY出具体的方法。

第二步 "和善+坚定"之和善——我如何做到和善？

①尊重孩子的年龄。

6岁的男孩子专注力还很有限，所以能坐10分钟就已经不容易了，现在他8岁，专注力已经提高了不少。

方法|

- 在每次选择练习的曲目时选择一个和他专注时间相匹配的曲子。

②尊重孩子的天性。

孩子比较好动，喜欢比较劲爆的音乐，另外8岁孩子开始有自己的想法，不愿意弹老师规定的曲目。

方法|

- 可以让孩子和老师一起商量曲目的选择，既有古典曲目，又有孩子喜欢的歌曲。
- 在学琴的过程中，可以采用各种好玩的形式，比如开一个家庭音乐会，把爷爷奶奶请来听孩子弹琴。
- 平时练琴的时候也可以让孩子把自己的毛绒玩具"请"过来一起"听"，记住，好玩儿对孩子很重要哦。

③尊重孩子的情绪。

孩子的一句"我不想学了"其实表达的是一种情绪，而不是一个决定，这个情绪可能是挫败、担心、着急，所以家长不要和"我不想学了"这句话较劲，而是看到他背后的情绪，有这些情绪都很正常。

方法|

- 可以试着问孩子："今天要上课，你那首曲子还没有练熟，你有点担心老师批评你，对吗？"

第三步 "和善+坚定"之坚定——我如何做到坚定？

①尊重自己。

父母的责任是支付孩子的教育资源、陪伴他克服学琴道路上的困难、一起享受音乐带来的美妙感觉、给孩子掌声。

所以我们并不需要哀求和奖励孩子，但我们可以：

方法|

- 告诉孩子，你在B段的演奏特别打动我。

- 在你遇到困难的时候，我永远是你的好队友。

- 告诉孩子："我相信你！"

②尊重规则。

学琴是孩子和老师之间的事，所以约定的时间尽可能不要随意改动。

可以让老师给出更详细的练琴计划。我们可能只需要和孩子说："你清楚老师的要求吗，需要我的帮助吗？"

③尊重他人。

学琴涉及孩子、老师、家长，所以我们进行任何改变，都需要这三方一起协商，这也是真实世界的一个小缩影。

我在这里"举一"，相信你能"反三"，下面拿出自己遇到的小挑战，DIY一个适用于你的家庭的方法，加油！▲

3. 教育孩子一定要全家人观念一致吗

组建家庭，做了妈妈，一个人说了算的日子也就到此为止了。孩子越小掺和的人越多，按理说人多力量大。但现实情况是，每个人都觉得自己很用力很辛苦，费力不讨好，却忽略了大家都用力，但其实劲没往一处使。

很多妈妈苦恼于家人在带孩子上的各种分歧，我让大家吐槽一下，那真是话匣子打开了就刹不住，看看他们都说些什么。

吐槽老人带孩子的

- 老人把吃饭看得特别重，总说孩子没吃饱，一天三餐如果两顿没吃好，她就睡不好觉，第二天开始唠叨。

- 孩子吃饭她盯着看，离不开，饭一掉她就赶紧擦，一般不让孩子自己吃，受不了乱七八糟满地撒食物。

- 讽刺、挖苦、攻击说我老顺着孩子，在她看来孩子必须训，没训就是没管。
- 在家一定要穿袜子，一定要穿鞋，总之要多穿。
- 早点训练孩子上厕所，别穿纸尿裤。
- 妈妈有事要出去就偷偷走，别让孩子知道。
- 和孩子用下列句式：如果你……就不是好孩子，如果你……我就不喜欢你了，如果你……叔叔就要把你带走了。
- 别让孩子哭，一点都不行。
- ……

吐槽阿姨带孩子的

- 一切事情全代劳，什么都是替孩子做。
- 做错事情，说瞎话，不承认。
- 给孩子做饭，能糊弄就糊弄，图省事，父母不在家就随便对付。
- 见到阿姨就凑到一起聊天，让孩子自己玩。
- 出去玩，谁家的吃食，不管什么都给孩子吃。
- 家有二宝，阿姨会偏向自己带大的孩子，有时候欺负和批评另一个孩子。
- 觉得自己什么都是对的，别人建议也不听。
- ……

吐槽爸爸带孩子的

- 怎么省事怎么来。
- 把电视打开让孩子看电视，自己坐在旁边玩手机。
- 孩子闹的话就出去买玩具，并且每次都买不止一个。

- 不敢把孩子交给爸爸，觉得会把孩子搞丢。
- 没有耐心，孩子稍微不听话就吼。
- 让他带半天孩子，回到家孩子像个流浪儿，穿的是准备扔了的衣服和不合适的袜子，你说他是这个家里的人吗？每天孩子穿什么都不知道！
- ……

到底什么是观念一致？

家长们都说，希望家人在教育孩子的观念上能够一致，于是我开始问问题啦。

提问 你说的观念一致，是要别人和你一致呢，还是你愿意和别人一致呢？

显然是前者居多，所以换句话说，很多人所谓的观念一致其实指的是：你要听我的，因为我是对的，你是错的。

一些妈妈学了些育儿理念，回家看老人、阿姨、爸爸带孩子那真是不顺眼，觉得都是教科书上的错误典型，于是不断提醒和指正，但往往不仅无效，还遭到各种反击。

老人们认为自己拉扯大好几个孩子，吃的盐比你吃的饭都多，你那些道理也无非是纸上谈兵；再说说老公，很多男人在外面好歹也是经过风雨见过世面，三教九流都能搞定，在外面是条龙，怎么在你面前就是条虫了呢；阿姨呢，人家就是拿一份工资而已，职责仅仅是照顾好孩子不出事，要是教育学博士也不会来你家当阿姨啊。

还有的时候家人会质疑：你说你的方法好，怎么遇到问题你也没招呢？有句俗话是：不看广告看疗效，是啊，没有疗效如何让人信服。

那么，在两个成年人之间，一个人愿意听另一个人的，无非两个原因：

原因1. 我怕你

我们小时候经常会听家长的话、听老师的话,主要原因是因为怕,惧怕因为不听话带来的恶果。在成年人之间,虽然也存在强势和弱势的关系,但这个"怕"字背后还有另一个原因:怕冲突、怕麻烦,你的家人可能会由于怕和你发生冲突而选择息事宁人听你的。

提问 **你希望亲人因为惧怕而听你的吗?**
你希望亲人为了息事宁人而听你的吗?
这样的"听话"是你想要的吗?

原因2. 我信任你

我们经常会发现,同样的话由不同的人说出来,效果就不一样。经常有学员说,很多理念和家人都说过,但对方就是不以为然,但如果是某个专家或者老师说的,效果就不一样。

提问 **为什么外人的话反而更有说服力?**

因为我们听到的是客观的理念,而不是对自己的批判,信任首先来自被尊重。

接下来有人会说,我们本来就不是专家啊,怎么可能有说服力,那么我再问:

提问 **在其他事情上你们容易达成一致吗?**

很多问题,表面上是关于孩子的,实质上都是关于自己的,是关于我们如何处理和看待和其他人的关系的。在一个家庭里,如果我们不断地试图证明自己的是对的,其他人也会不自觉地证明你是错的,结果是大家的力量都用在内讧上,这还能做好队友吗?

回到最初的问题上,如果我们所说的"一致"就是让别人听我们的,那这个结果完全在预料之中:不可能!

接下来我还要继续问问题：

家人的教育观念是否要一致？

多元是必然，一致才是偶然

从孩子踏进幼儿园的那天起，他也就算进入社会了，班级小朋友都不一样，老师也不一样，即便是在同样的教育理念之下，每个老师的性格和处理问题的方式也不一样，有的严厉一些、有的温和一些、有的刻板一些、有的随意一些。等孩子们进入小学、中学，面对的社会会更加多元化。课外班的老师、运动队的教练，他们来自不同的城市乃至不同的国家，可能年龄不同，肤色不同，没有绝对的对错。所以对于一个社会来说多元是必然，一致才是偶然，对于家庭也是一样。

一个家庭是因为两个人相爱而产生，三观一致固然好，但这都是马后炮，谈恋爱的时候很多人压根儿没想那么多，更不会关注彼此原生家庭的情况，可以说我们只看到当下的彼此，对方的父母兄弟姐妹往往只是个称谓而已。早餐喝粥吃馒头还是米饭炒菜，这样一个简单的问题答案都千差万别，更何况教育理念这样一个涉及思维定式的问题，所以家庭成员的不一致才是常态。

知道容易做到难，对谁都是一样

我们知道很多道理，比如"管住嘴，迈开腿"；我们都知道"行大于言"；我们都知道"要想被理解，先去理解别人"。但是问一下自己，我们能做到吗？

从知道走向做到，几乎要用尽我们一生的时间。

同理，你的家人即便信任你，即便认可你说的一切，但做得到吗？比如老人知道不要老让孩子看电视，对眼睛不好，但是孩子就是不能坐稳了吃好一顿饭，怎么办？看呗；比如你告诉老人不要训斥孩子，但孩子就是不听话，到了该回家的时间就是不回家，怎么办？比如你告诉老公陪孩子的时候要专心不要玩手机，但他脑子里千头万绪那么多的事儿要处理，不看手机怎么办？

大道理讲讲容易，批评别人容易，但做到很难，对谁都难。

界限得到尊重，比一致更重要

我们都不是拔根毫毛就能变出N个自己的孙悟空，所以在养孩子这件事上总是要借助外援，老人、阿姨，当然还有爸爸。当人们同住在一个屋檐下，空间上的近距离会带来界限上的无距离甚至是负距离。

在我们的观念里，亲人之间就应该是"亲密无间"的，换句话说，我们可以随意地干涉和指点彼此的生活。

自己的界限被侵犯

很多家庭会首选老人帮忙看孩子，毕竟是一家人，可靠还免费，但是老人来了之后，很多摩擦就开始产生。

我听到过有的妈妈们为了身材晚饭不吃主食，老人来了之后三天两头给你做各种面食，拒绝无力，只能第二天跑步机上狂跑；在对待孩子上，很多孩子原有的习惯受到动摇，例如老人会替孩子做很多孩子本来就会做的事情，孩子练琴上课外班不情愿的时候，老人会主张放弃。这些都让我们原有的界限受到了冲击，但碍于亲情又不好意思说出来，或者说了几次无果就只能选择放弃。

我们也在侵犯别人的界限

当大家住在一个屋檐下的时候，每个人都有按照自己的方式生活的权利，你把老人请过来，其实请进来的还有他们的生活方式，如果没有这个心理预期就会很被动。

比如老人也许爱看电视，或者说看一些你不喜欢的节目，但人家在家就是看这个啊；比如老人喜欢囤东西，什么都舍不得扔，他要把这儿当酒店可能不囤，但如果把这儿当家就会继续囤东西。

很多妈妈们没有意识到的是，当我们不断批评家人的生活方式时，其实也在不自觉地侵犯着家人的界限。

那么接下来肯定有人要问：我们是不是只能听天由命呢？当然不是，凡事一定不是只有白与黑，是黑白之间，是更多的选择。

共同带娃小贴士

多取人之长，少批人之短

无论是老人还是阿姨，如果一无所长，你就不会请到家里来，老公更是如此，如果没有一样你看得上的优点，你根本不会嫁给他，对吧。

不妨列个清单，细数看护孩子的家人都有些什么优势：

老人

- 可靠，不用担心孩子被虐待、被拐跑。
- 免费，不用琢磨涨工资、给加班费、过节给红包。
- 实战经验丰富，比如在孩子生个小病你又手足无措的时候，老人一句："你三岁的时候也得过这个病，没大碍的。"是不是悬着的心一下子放下了。
- 不仅给孩子做饭，还能让你吃上小时候的味道。
- 来自老人的无条件的爱，虽然在你看来可能有点溺爱，但在孩子心中可能是一辈子都不可磨灭的温暖呢。
- 还有吗？

阿姨

- 可选择余地大，带孩子、做饭还是打扫卫生，只要你清楚自己想要什么，不追求完美，总有一款适合你。
- 雇佣关系好管理，前提是你要清楚地告诉阿姨你的要求。
- 金钱关系让界限好把握，加班给加班费，不白用人家，也就少一层内疚。

- 还有吗？

爸爸

- 爸爸最大的优势就是因为他是爸爸，是孩子生命中非常重要的人。

如果你觉得家人一点点优势都列不出来，那只有自己带喽。

大事要坚持，小事多让步

孩子在不同的年龄阶段，侧重点也不同。所以问问自己，哪些事情是原则性的大事，大事一定要少，如果事事都要较劲，等于没有重点。

比如孩子刚出生的时候，妈妈休息好是大事，小宝宝的健康是大事，所以爸爸在小婴儿面前抽烟要管，但其他的事情比如房间乱一点、老人看电视、爸爸看手机，其实都是小事。

等孩子上了幼儿园，适应幼儿园、作息习惯的养成可能是大事。如果你认为每天按时上幼儿园是大事，而奶奶觉得无所谓导致孩子也三天两头迟到，那就需要温柔地坚持一下自己的原则。但如果你本来就仰仗老人送孩子去幼儿园，这时就有点勉为其难，就好比你让别人做饭还嫌饭不好吃，嫌不好自己做喽。所以既然这是大事，就亲力亲为自己送，至于奶奶抱怨两句"这么小，少上半天也没什么"，这就是小事，微笑一下就得了。

当孩子上了小学，学习习惯养成可能是大事。如果老人或者阿姨每天看电视影响孩子的专注，可以去温和地沟通，说出自己的担心，而不是批判对方。解决的办法可能是给老人房间单独配备电视，给阿姨配备iPad，请她在自己房间看网络电视。但至于人家爱看些什么内容，就不必干涉了，那是小事。

先改变自己，再影响别人

很多妈妈学到了新方法都会迫不及待地拿去要求家人，且慢！您先自己练练好不好？

我的很多家长学员都特别希望老公、老人也能来听听家长课，我千叮咛万嘱咐的就一句话："一定要人家自愿啊！"

我也经常会遇到妈妈上完课了，过一段时间爸爸来上课，或者是姥姥来上课，为什么家人自愿来上课，不是你说得有多好，而是你做得好，很多妈妈告诉我上完家长课夫妻关系改变了，和父母关系改变了，家庭氛围改变了，孩子也改变了，这样的改变本身当然是最有说服力的了。

所以先修好自己，亲人一定会看见的。

鼓励家人的每一点进步

有人说，好孩子是夸出来的，其实大人何尝不是如此。

就像我刚才所说，说到和做到之间有着很大的距离，这个距离需要一小步一小步地走到，而不是期望旧的坏习惯一天就能改，新的方法瞬间能掌握。

亲人之间最不要吝啬的就是赞美，比如老人今天没给孩子穿得里三层外三层，赶紧夸啊：

"妈，你今天给宝宝穿的衣服特别合适，老师说今天跑起来很利索，也没怎么出汗。"

比如今天老公带孩子一天，虽然孩子的脸脏了点，爸爸估计也没少看手机，但是孩子很开心，爸爸没有打电话给你求救，赶紧夸啊：

"老公，今天我不在家，儿子说和爸爸一起真好玩，爸爸又讲故事又陪他玩打仗，这真比我强多了。"

……

亲人之间，有事没事常夸着点，嘴上多抹蜜，基本是秒杀一切的沟通技巧。

教育孩子是件大事，但它也仅仅是我们经营家庭生活过程中的一件事而已，不是全部，当我们的重心在家庭而不是孩子这个个体，其实就不会为是否一致而苦恼。孩子看到的是真实的父母和家人，他也会学会人与人之间如何求同存异，这样的能力，不也正是我们希望孩子拥有的吗？

1.4 选择的能力，从小养成

我曾经问过我的家长学员这样一个问题：

提问 你是希望自己的孩子是一个能够主动选择的人，还是一个被动服从的人？

大家的回答齐刷刷地指向前者，但是我如果换个问题问：

提问 你希望孩子是一个听老师话、听家长话、听长辈话的人吗？

这下子问到心坎上了，很多人内心中回答的是"是"，但又觉得哪里有点不对劲。

我看到很多强势的父母，孩子比较听话，这样让养育工作非常容易。孩子小的时候，家长可以为孩子做几乎所有的决定，比如吃什么、穿什么、和谁玩、去哪里上学等，但随着孩子的年龄增长，当他们需要做选择的时候，父母往往不在场，比如老师不公正地对待你，要不要申诉？大家都作弊，你要不要也作弊？周围的同学都在抽烟，你抽还是不抽？这个时候那些听话的孩子也容易变成被动服从的孩子，所以我们要问一下自己：

提问 养育孩子是图自己省事儿吗？

1. 听话的孩子，可能是一个不会做选择的孩子

在我的家长课上，讨论的话题涉及校园暴力，每当讨论起受害者这个角色时，大家的关注点都集中在让孩子去学跆拳道、防身术等，于是我问了一个问题：

提问 为什么有的孩子总是被欺负？和家长有没有关系？

小婴儿刚刚出生的时候，他们和社会基本是隔离的。一旦上了幼儿园，其实就是走进了小社会，就像丛林里的小猴子一样，他们开始有领地意识。每个孩子都用自己的方式求生存，这个时候各种冲突也开始出现，比如大孩子欺负小孩子，强壮的孩子欺负弱小的孩子，更可悲的是很多暴力可能来自家长。

家长往往恨铁不成钢，他们会告诉孩子如果有谁欺负咱，咱就打回去，但是发现效果并不好，孩子还是不敢，一个家长告诉我，她小的时候经常受欺负，每次回到家都被父母数落一顿没出息，而这对于她来说简直是二次伤害，从此她遇到这样的事情不再告诉父母了。

我在小的时候经常受欺负，上幼儿园的时候，同学们把我从山坡上推下来，他们往我嘴里扔土，而我只能躺在那里哭；上了小学，放学后几个同学在我家写作业，结果他们把我关到了我自己家的门外。从大人的观点来看，这个时候我应该有很多办法，比如去告诉老师，拒绝让同学们把我推出门外，告诉他们如果这样请离开我的家，但在那个时候我没有任何选择，只是被动地接受，慢慢地我在其他孩子的眼里，是一个"软柿子"，是可以欺负的对象。

这和我父母的养育方式有很大的关系，他们非常严厉，需要我们绝对地服从，如果不服从就是打和骂。作为一个孩子，我慢慢得出的结论是，我是没有力量应对比我强大的人的，我的意见是不会被听见的，只有服从，如果不服从就会有更恶劣的后果。

我的儿子天天就是一个不听话的孩子，很多事情，在别的家庭里妈妈一句话，孩子就去执行，在我们家可能要讨论半天，有时候觉得很费劲。比如他在温度已经降到10℃以下的时候还要穿短裤，比如他不愿意一回家就写作业，比如他会因为我擅自调整钢琴课的时间而拒绝去上课。

但是，他也会在遇到高年级同学欺负他的时候，想各种办法，找了一个老师不管用，就再去找能管住这些高年级同学的老师；全班同学的作文都通过了，唯独他的没通过，老师讲的他没明白，于是就去找不同老师寻求指导和帮助；他拒绝使用列任务清单的办法管理作业，他选择每天晚饭后口述今晚的计划，最终的安排是既能完成作业，也能有合理的休息和玩耍的时间。作为家长，是费点事儿，但在不听话的孩子身上，我看到他有做选择的勇气，这样的勇气需要细心呵护。

做选择就如同其他任何技能一样，需要大量的练习，如果我们捆住孩子的手脚，替他做一切决定，他哪里有机会习得这样的能力呢？

接下来很多人会问，难道什么事情都要让孩子选择吗？

当然不是，这要根据年龄和孩子的心智发育，一个6个月的孩子不可能自己选择穿什么衣服，因为他还不懂；同样一个6岁的孩子，也不能随意选择想看的电影，他们还没有能力分辨电影的内容是否"少儿不宜"。孩子的年龄越小，我们能给孩子的选择范围越小。

反过来，一个10岁的孩子可以自己选择先做语文作业还是数学作业，前提是所有的作业按时完成；一个17岁的孩子可以自己选择穿不穿秋裤，只要他自己不冷。所以选择都是有限的，只不过这个选择的范围随着孩子的年龄增长应该是越来越大。

2. 多问问题，少给答案

我讲家长课有一个特点，我很少直接给答案，我喜欢问问题，在这本书里随处可见的都是各种问题。别人给出的答案很难变成自己的答案，就好比我们小时候上学的时候，很多死记硬背的答案，基本上考完试没几天就忘得一干二净了，而那些经过我们自己思考找出的答案则会伴随一生。

那么如何来问问题呢，有一个小工具叫作"启发式提问"，启发式提问也称为好奇式提问，就是没有预设答案、开放式的问题，比如：

"你怎么看？"

"你觉得他为什么这么做？"

"还有什么更好的办法？"

很多家长回家就去练习启发式提问，但他们很困惑地告诉我，孩子经常回答"不知道"。那为什么孩子经常回答不知道呢，因为你总是给他答案啊，他没有思考的习惯，所以确实不知道啊。还有一种可能，孩子觉得说了也白说，反正真理都在家长那里，回答"不知道"最保险。

启发式问题是开放式的，没有预设答案

有一个妈妈告诉我，我去问了一个启发式问题，班里有同学谈恋爱，我问孩子："早恋好吗？"孩子回答："不好。"虽然貌似听到了想听的答案，但妈妈觉得不对劲，因为这样的谈话就此就结束了。我告诉她，启发式提问是开放式的，如果能用"好"和"不好"回答的都不是启发式提问。比如可以这么问：

"你们怎么知道他俩谈恋爱了呢？"

"关于谈恋爱，你怎么看？"

孩子的答案也许和我们的想法一致，也许会和我们的不同，比如孩子可能回答："我觉得谈恋爱挺好的，说明他有魅力啊，多有面子。"如果家长一通说教会有什么结果？她下次可能就说"不知道"喽！

我们可以继续问启发式问题：

"噢，你们认为有人追说明有魅力，有面子，说说看，有魅力是什么意思？"

"还有什么其他事情也是有面子、有魅力的?"

"如果有人追求你,你会怎么做?"

这样的问题会引发出很多的讨论,能让家长了解孩子的想法,也能启发孩子去思考,前提是我们保持开放的心态,认真去听孩子的答案。

相信孩子能自己找到答案

在儿子天天3岁的时候,有一天我们在楼梯上看到了几片菜叶,天天问:"这是谁掉的?"我刚想回答:"是瑶瑶的姥姥买菜掉的吧。"但我忽然很好奇他的答案,我问:"你觉得是谁掉的?"天天说:"一定是兔妈妈掉的。"孩子比我们有创意,他的答案比我的好一万倍。

说说他曾经在学校被高年级同学欺负的事情吧,天天上的学校从幼儿园到高中都有,所以不同年级的孩子们每天都要碰面。小学一年级的时候,有一天他回到家告诉我,高年级的同学在游泳池更衣室欺负他们,他很害怕,游完泳不敢洗澡,要赶快换好衣服离开。我当时的念头就是写信给老师反映情况,但转念一想,可以用启发式提问问他。

我:"当时发生了什么?"

天天:"我们在更衣室,几个高年级的大哥哥用球砸我们。"

我:"你们做了什么?"

天天:"我的同学说大哥哥是笨蛋。"

我:"然后你们做了什么?"

天天:"我去告诉老师了,但是老师不管。"

我:"你需要我帮忙吗?"

天天:"暂时不需要。"

第二天下学,天天兴奋地告诉我他解决了这个问题,他找到游泳池的负责老师反映了情况,这几个大哥哥就不再欺负他了,而且其中几个大哥哥还和他做了朋友,而我只是问了很多问题,并没有给很多建议。在之后的很多事情上,我都是先问问题,如果能不给答案尽可能不给,当他解决的问题越来越多,他的自信心也就越来越足了。

养育一个不听话的孩子,也许会花更多的时间,孩子也许会犯一些错误,有的时候还会挑战我们的自尊。这些年每每遇到天天不听话,我当时也许会抓狂,但事后总能和他一起讨论出双赢的方案,在那个时刻,我最欣喜的是他又一次学会了做选择,我那点面子,又算得了什么呢?

每日一小步

有限的选择

每个人都需要权利,都需要能掌控自己的生活,父母需要权利,孩子也不例外,但我们每个人又需要受到规则的约束,所以,所有的选择都是有限的。相比粗暴的命令,有限的选择既能遵守规则,又能给予对方选择的权利。

例如下边这些事情,可以提供多种有限选择。

(1) 关于刷牙

"你想用草莓味的牙膏,还是用香蕉味的牙膏?"

"你想在你的卫生间里刷牙,还是在我的?"

"你想像小兔子一样跳着去卫生间,还是想像小鸭子一样游到卫生间?"

(2) 关于写作业

"今天一共有3项作业:语文、数学、英文,你想先写哪个?"

(3) 大宝二宝抢一个玩具

"看起来你们都想玩这个玩具,这样吧,或者我先收起来,等你们想出办法来找我要,或者你们现在用1分钟想出办法来。"

(4) 孩子不喜欢吃你做的营养丰富的饭菜,而你又希望他营养均衡,

第1章　接管我们的人生——选择

还有哪些选择?

宝宝,我们这顿饭要吃3种食物,现在看看这些图片,请你从每组里面选一个,然后咱们一起做?

- 面包、米饭、面条
- 鸡蛋、牛肉、鸡肉、鱼
- 橙子、菠菜、西红柿、西兰花

记录下你今天用到的有限选择吧!

(1) _____

(2) _____

(3) _____

1.5 当时vs平时

在这一章里我介绍了很多小方法,以前我也曾经教给我的学员家长,接下来我听到的最多的问题是:"方法不管用怎么办?"

例1　我一个词代替一句话,比如用"洗手"代替"你怎么老是记不住洗手,每天都要我提醒!"孩子还是不洗手怎么办?

例2　我用有限的选择:"你想先写语文作业还是数学作业",但他说我想先看电视,怎么办?

不知你是否注意到,这个"怎么办"的背后其实还有一层意思就是

"马上"。我们都想快速解决问题，我们关注的是"当时"，只要不能马上解决就开始质疑新方法，于是习惯性地走回老路，虽然老办法也无效，但是那是我们熟悉的办法啊！

在这里我们忘记了一个重要的因素，孩子的成长需要时间，所以工夫在平时。如果你想搞定孩子，就会关注"当时"，但如果你想帮助孩子，就会花更多的精力在"平时"，所以可以这样问自己。

提问 **我们在平时可以做些什么？**

例1　我一个词代替一句话，比如用"洗手"代替"你怎么老是记不住洗手，每天都要我提醒！"孩子还是不洗手怎么办？

平时可以这么做

长期目标是：养成饭前洗手的好习惯。

方法 |

- 和孩子一起制订饭前惯例，包括洗手、摆碗筷、摆椅子、端菜等。
- 把惯例贴在饭桌附近。
- 可以分配给孩子一个任务：提醒爸爸妈妈饭前洗手。
- 可以和孩子一起去超市挑选一款他喜欢的洗手液。

当然，很多妈妈还是想知道当时怎么办：

当时可以这么做

方法 |

- 拉着孩子的手微笑地去洗手。
- 告诉孩子：等你洗完手来餐桌找我们。

例2　我用有限的选择："你想先写语文作业还是数学作业"，但他说

我想先看电视,怎么办?

平时可以这么做

长期目标:让孩子养成良好的学习习惯。

方法 |

- 和孩子制订学习的日常惯例表。
- 在践行惯例表的初期尽可能陪伴,孩子的自觉性在初期也是需要我们引导的。
- 和孩子聊一聊每天学校的生活,比如午饭有没有吃饱,也许孩子刚到家很饿需要先吃一点零食呢,肚子里没食儿,脑子也转不动呢。
- 启发式提问:"你今天的学习计划是什么?休息计划是什么?"
- 每当孩子按照计划完成今天的任务,给予肯定,但不需要奖励!
- 和孩子一起学习一些时间管理、大脑工作原理、意志力、自控力的知识,在这方面我们不一定是专家哦。
- 耐心、耐心、耐心,孩子的成长需要时间,学习任务管理哪里是马上就会的呢。

当时可以这么做

方法 |

- 微笑、平静地告诉孩子:看电视不是一个选择,今天的作业你有什么需要我帮忙的吗?

养育孩子是一个过程,我们越是着急,越是容易节外生枝,往往欲速则不达,还平添了更多的问题,多想想自己的长期目标,很多问题就会迎刃而解。

第 2 章

爱生活本来的样子
——接纳

2.1 比较，如同黑云压顶，让我们无法看清生活

当你知道原来凡事都有黑白之外的选择，当你知道换个神奇问题问自己一下能有那么多新的思路，你一下子就感觉有力量了，生活中有光亮了，妈妈和孩子之间其实无大事的，一切都能妥妥的。

但是时不时地，面临外界的声音，你发现自己无法淡定了，老师请你去幼儿园谈话，所有小朋友都睡午觉，唯独你家孩子不睡午觉，老师去管，还把老师打了；小学老师告诉你，孩子的数学是班里最差的，大部分孩子在幼儿园已经掌握的知识，唯独你的孩子一年级下学期还没搞定；中学老师告诉你，还是考虑让孩子上个职高吧，否则会拖学校后腿；参加大学同学聚会，成功人士慷慨激昂还埋单，作为一个平凡的二宝妈，你插不上话，只能埋头吃饭；晚上刷刷朋友圈，忽然发现昔日各方面都不如你的闺蜜，此刻携三娃晒美国的豪宅和蓝天，只是因为她嫁得好；更不用说朋友圈上处处可见的牛娃父母晒牛娃，牛娃学习好、爱学习、爱运动、阳光、懂事……这样的时刻每天都在上演，我们毫无防备。此刻，就仿佛有一团黑云压顶，它在不断地蔓延，让人窒息、虚弱、没有任何力量，这团黑云的名字叫"比较"。

为什么比较给我们带来这么大的困扰，乃至伤害呢？因为比较让我们看不清现实，看低自己，也看错别人，比如：

当老师投诉孩子不睡午觉，幼儿园里的小朋友都睡午觉，就你的孩子不睡觉还捣乱时，这个时候你也许会这样想：

灾难化/片面化

完了完了，我的孩子一定是老师最不喜欢的孩子了，如果这样下去孩子也会不喜欢幼儿园，然后他的性格会受影响，将来也会不喜欢上学……

怪罪自己

都怪我没管好孩子，我怎么说他都不听，我怎么不能像谁谁谁的妈妈一样有威信呢。

怪罪别人

这孩子怎么这么淘气呢，人家孩子都听话，就他老给我找麻烦，都怪他奶奶一直惯着……

问问自己，你在和谁比较？你在拿孩子和谁的孩子比较？你没有看到的是，你家娃每次都把饭吃得干干净净，你家娃从来不会被小朋友欺负。在你眼里，幼儿园只有你的孩子不睡午觉，只有你被老师找谈话，别人家的孩子都听话，只有你的孩子麻烦得很；别的家长一个眼神孩子就乖乖的，只有你要大吼一声才管用。你有所不知的是，一个妈妈昨天刚被请家长，孩子把班里一个小女生的脸抓伤了，你早晨见到的那个满面春风的妈妈，昨天晚上因为二宝闹觉，一晚上起来了四回……

在咨询我的家长中间，青春期孩子家长应该是最焦虑的，而让她们最焦虑的就是学习，有的家长说孩子到了初中，对学习没兴趣，功课非常吃力，一天到晚就是玩儿游戏，这个时候家长往往会想：

灾难化/片面化

天哪，这样下去他这次期中考试又是班级倒数了，然后也考不上好高中、好大学，最后找不到工作……

怪罪自己

都怪我没有教育好孩子，我是一个不称职的家长，老师找我谈话一定是因为我太差了，在她眼里我一定是班里最不合格的家长。

怪罪别人

都怪孩子没有上进心，不努力，整天玩，所以学习不好；都怪他爸不买学区房，要是早上一个好点儿的学校就不会这样了。

问问自己，**你在和谁比较？你在拿孩子和谁的孩子比较？**你看到的是别的父母都是面带微笑，有耐心有办法，只有你除了焦虑还是焦虑，你没有看到的是，你的孩子，比你们两口子当年的学习好得不是一点儿半点儿。在一个重点中学保持学习中等，其实已经不易，而在你眼里，他永远比你的预期差一点。你有所不知的是，牛娃父母都是学霸，但他们也觉得牛娃比预期差那么一点儿。

参加大学同学聚会，功成名就的同学争着埋单，大家做崇拜状听他们诉说成功经验，有所求的同学不是递烟就是敬酒，你做着普通的工作，没有什么光环可说，只能埋头吃饭喝水，你也许会想：

灾难化／片面化

同学们一定觉得我特别失败，他们肯定在心里可怜我；她们不是嫁得好，就是做得好；我已经快40岁了，永远不可能像他们一样成功了。

怪罪自己

都怪我不善交际，我也不会巴结领导，这么多年只能混日子；都怪我生了二宝，哪有时间提升自己；都怪我管不住嘴，今天聚会就数我最胖。

怪罪别人

都怪谁谁谁组织这次聚会，她嫁得好，为了给自己拉风，让我们做陪衬；都怪我老公，死守着那么个破单位，要钱没钱，要实惠没实惠；人家家里都有人帮忙带孩子，我们家没人管，全靠我。

问问自己，你在和谁做比较？20个同学18个普通人，你都没有看到，你偏偏看到那个干得好和嫁得好的。你也没有看到的是，晚上十点钟上床睡觉，于你是件天经地义的事情，但有的人今天聚会结束，还有两个饭局在后面等着，明天一样要早起毕恭毕敬地做乙方；你有所不知的是，嫁得好的同学，生了3个女儿，一定要拼了命生出儿子，否则豪门地位不保，要不是每周一次的心理辅导，随时可能崩溃。

我们永远不可能看到别人生活的全貌，而且其他人如何，又与我何干呢？

比较带来巨大的不安全感，比较让人找不到自己的起跑线，也就无从改善。实际上，人可以比较的对象只有自己。

我们需要做的是驱散黑云，让阳光重新照射进来，这个过程叫"接纳"。很多人一提接纳就认为是被动接受，是不求上进，是自我安慰，那是一个误区。**接纳就是接受现实本来的样子，看到真实的自己，看到别人的价值，然后找到专属于自己的起跑线。**

每日一小步

你在和谁比较

今天你焦虑了吗？

我焦虑了，因为＿＿＿＿＿＿＿＿＿＿＿＿＿＿＿＿＿＿＿＿

拿出一张纸，问自己，你在和谁比较？写下来。

我的比较对象是＿＿＿＿＿＿＿＿＿＿＿＿＿＿＿＿＿＿＿

她哪里让我羡慕嫉妒呢？

① ＿＿＿＿＿＿＿＿＿＿＿＿＿＿＿＿＿＿＿＿＿＿＿

② ＿＿＿＿＿＿＿＿＿＿＿＿＿＿＿＿＿＿＿＿＿＿＿

③ ＿＿＿＿＿＿＿＿＿＿＿＿＿＿＿＿＿＿＿＿＿＿＿

哪一条我有可能做得到？

我的目标：＿＿＿＿＿＿＿＿＿＿＿＿＿＿＿＿＿＿＿＿

留下目标，记在心里，然后把纸撕掉扔进垃圾桶，因为这和咱无关。▲

2.2 我为什么如此焦虑

> 对于每个人而言,世界从来不是客观的。我们感知到的事物,从来不是事物原本的样子,而是经过我们的思维处理后的事物。
>
> ——阿尔弗雷德·阿德勒(个体心理学创始人)

提问 **什么是现实?**

我们看到的现实往往不是客观的现实,固有的思维方式就像一个巨大的眼镜,戴着这样的眼镜看世界,看到的世界是扭曲的。

1. 现实的碎片,放大了你的焦虑

在我的个人成长小组里有一个妈妈,她的经历非常坎坷。爸爸妈妈在她上中学的时候离婚,妈妈一个人带着她,生活非常艰难,东北零下十几度的冬天,她穿着没有脚后跟的鞋,吃着冷水泡的饭。后来离开家乡来到北京打拼,现在有多处房产,有自己的企业,有一儿一女,但是她告诉我她非常非常不快乐,她的妈妈现在总是找她麻烦,爸爸也来要钱,亲戚只想揩油,孩子青春期不听话,送到外地某知名中学上学,老公带老大在外地念书,她带老二在北京,两地分居不知何时能了。在她的眼里生活可以说是一团糟。

我看到的是她具有超乎常人的力量,不被生活击垮,靠自己的努力改

变命运，我看到她的坚毅、不放弃、能吃苦、脚踏实地、责任感、对孩子满满的爱。

另一个小组成员讲述了自己的故事，她在儿子一两岁的时候离婚，儿子10岁才回到身边，但和妈妈之间非常客气，很难亲近，再婚之后又生了一个女儿，家里只有两居室，老公一直住在客厅，她多么希望儿子和女儿都能有自己的卧室，他们夫妻俩能住在一起，这样就需要3个卧室，但在北京高额的房价之下，谈何容易。

我看到的是她能勇敢地结束不合适的婚姻，儿子虽然没有在身边长大，但独立而自律，是一个有着自驱力的男孩子，不需要妈妈不停地催促，我也看到她重新找到自己的幸福，并且儿女双全。

一个人看到的是自己只有钱，没有别的；另一个人看到的是自己缺的就是钱。每个人看到的都不是现实的全部，是被思维眼镜扭曲了的事实，然后是被无限放大了的焦虑。

一年过去了，第一个妈妈结束了两地分居的生活，老公带着儿子回到北京，儿子正值青春期，她开始慢慢放手，女儿上小学，她开始用所学的教育理念去和女儿建立畅通的沟通渠道；第二个妈妈请人在客厅设计了一种隔断，床和柜子是一体的，儿子住在这个多出来的房间里，两居室变成三居室。

当人们能看清楚现实的全貌，会有力量，会有更多的办法。

2. 还原现实本来的样子

> 假使把所有的人的灾难都堆积到一起，然后重新分配，那么我相信大部分的人一定都会很满意地取走他自己原有的一份。
>
> ——苏格拉底

我的女儿高中辍学，17岁去美国游学，后来上大学又转学，经历了各种折腾后，终于清晰了自己的目标，她想在大学三年级转到一所非常有名的大学，这需要她选难度高的课程，并且还要门门拿A，压力太大，她经常失眠，于是就开始服用抗焦虑的药物。后来我咨询过医生，就是安定一类的药物，虽然很多人包括医生都服用安定类药物，但女儿的体质并不适应，给她带来了很多副作用，有一天她非常崩溃，用手砸碎了卫生间的玻璃，鲜血直流。马上就要期末考试，受伤的还是右手，不能敲电脑不能写作业。

她人在美国，我人在北京，正在上家长课，课间知道了这个消息，一下子脑子就蒙了，我也不例外地越想越糟糕，把各种可怕的结果都想到了。我怪罪自己没有及时给予她关心，然后谴责自己没有从小带好她，让她的求学之路如此坎坷。告诉我这个消息的是她的同学的妈妈，我在想这个妈妈一定会笑话我，就我这样的妈妈怎么还有资格给别人讲课呢？女儿如果不能参加考试，这门成绩肯定得不了A，就不能转入她心仪的大学，以前的努力付诸东流。她也怪罪自己：为什么我什么都做不好，为什么我不如我的同学，这说明我永远都是个失败者。

我知道，我和她看到的都不是全部的现实，这样的思维只能让我们两个人都越来越悲观，解决不了任何问题，我们被自己创造出来的怪兽吓住了。

我和女儿说，你把你所有的压力写个清单，女儿说："妈妈，我的手写不了字。"于是她在电话那边一边哭一边说，我在这边一边哭一边记。这是她的压力清单，我至今还保留着。

妮妮的压力清单：

(1) 地毯上都是血。

(2) 卫生间玻璃坏了。

(3) 学校申请截止日期马上到了。

(4) 学校功课没办法做。

(5) 做了自己后悔的事，还影响别人。

(6) 手上会留疤。

(7) 身上没力气。

(8) 皮肤差。

(9) 家里没吃的。

(10) 要办签证没有时间。

(11) 没办法洗头。

当现实被这样一条条地列出来，我们两个人的压力都降低了很多，原来不像我们想象的那么糟糕，最关键的是，她一条条找出了办法：

(1) 地毯上都是血。

　　过一段时间找物业清洗。

(2) 卫生间玻璃坏了。

　　过一段时间找物业修理。

(3) 学校申请截止日期马上到了。

　　列一下还有哪些需要递交的材料。

(4) 学校功课没办法做。

　　给老师发邮件请假。

(5) 做了自己后悔的事，还影响别人。

　　不看过往，看未来。

(6) 手上会留疤。

　　也许会有也许没有，就是有那也没办法啦。

(7) 身上没力气。

　　睡觉。

(8) 皮肤差。

　　还是睡觉。

(9) 家里没吃的。

　　点外卖。

(10) 要办签证。

　　找代办。

(11) 没办法洗头。

　　去发廊。

我也告诉她,她不是孤立无援的,想想自己都有哪些资源。

妮妮的资源清单:

(1) 妈妈。

(2) 爸爸。

(3) Jennifer。

(4) 小美。

(5) 庄鲜阿姨。

(6) 学校的学习小组同学。

(7) 教授。

(8) 送外卖的餐馆。

(9) 物业。

原来有这么多人可以帮到她,看到这一点不仅她安心,我也安心了许多。

在这样的时刻,我觉得自己有力量去思考神奇问题了:我如何帮助她?我如何培养她的能力?她需要提高管理压力的能力,这是每个人一生都要学习的功课。20天后她回到北京过寒假,我家楼下有一家健身房,我们全家都在那里健身,整整一个月的时间,她每周去3次健身房。最开始身体非常虚弱,但是运动能激发体内的多巴胺,帮助人应对压力和缓解焦虑,也有助于睡眠。1个月后她的体力完全恢复了,按时完成了转学的申请。

3个月后,她收到了心仪大学UCLA加州大学洛杉矶分校的录取通知。

这件事情也给她带来了额外的收获,她从此成为一个自律的健身爱好者,还计划在读书之余考取健身教练的资格证书。

其实还可以列很多清单,那位参加同学聚会的二宝妈妈带着一肚子气回到家,我建议她试着列出了一个**财富清单**,列出她所拥有的东西,有形的和无形的:

(1) 老大已经上小学了，功课不太用操心。
(2) 老大这学期的班主任年轻，在班级实施了很多新的教育理念，孩子们学习劲头十足。
(3) 赶上35岁末班车作为大龄产妇生了老二，孩子虎头虎脑，有运动天赋。
(4) 阿姨很难找，难得家里的阿姨已经做了好几年。
(5) 老公很顾家，喜欢运动，经常陪老二玩各种运动。
(6) 除了住的房子，还有两套房，在北京也值不少钱了。
(7) 两家老人虽然不管孩子，但身体健康，能把自己管好，不用儿女操心。
(8) 小的时候一直喜欢画画，最近和妈妈们组织了一个成人油画班，实现了儿时的画画梦。
(9) 有设计天赋，经常帮朋友做文案设计，也许可以做兼职。
(10) 最近写的几篇公众号文章阅读量都不错，自己创建的宝妈群人数已经快到500。

有没有发现，当我们列着这些专属于自己的清单时，心无旁骛，没有了比较，那团黑云慢慢散去，现实本来的样子被还原，我们也有力量去面对和解决，毕竟大部分人不需要面对战乱和灾荒这些不可抗力，我们眼前的困难很少是无解的，只要你的起跑线是基于属于自己的当下。

万能清单

应对压力的万能清单

很多时候当我们遇到困难，大脑就如同一团乱麻，梳理自己思路的最好方式是列清单，如压力清单、现实清单、办法清单、资源清单、财富清单。

还记得那个被老师投诉孩子不午睡的妈妈吗？看看她的清单。

现实清单

(1) 20个小朋友,总有六七个孩子不愿意睡午觉,不是你家娃另类。
(2) 冬天来暖气,孩子穿得有点儿多,盖着被子太热。
(3) 周末在家午睡时间比较长,所以周一中午不太困。
(4) 老师需要趁小朋友午睡的时候抓紧时间吃饭,休息一下,其实小朋友不一定非要睡着,只要不影响老师吃饭休息就行。

办法清单

(1) 给孩子换薄一点儿的被子。
(2) 周末在家控制一下午睡时间不要太长。
(3) 和孩子一起想办法,睡不着的时候能做些什么?比如编一个故事晚上讲给妈妈听,或者躺在床上让小手指和小脚趾做个操。
(4) 和老师沟通一下,理解老师中午需要休息,告诉老师已经和孩子沟通过了,睡不着不会影响别人。也请老师帮忙出主意,不午睡的孩子们可以怎样做同时不会影响到别人。

现在,请你列出属于自己的清单。

2.3 哈哈镜里的你,不是真实的自己

当我们看清现实,找到方向,真正迈出自己的一小步的时候,往往会问自己:"我行吗?"我一度以为,那些看上去自信的人一定很自信,后来发现,完全自信的人少之又少,即便功名成就的人,也经常会问:"我

行吗?"而这种对自己的不接纳,还是来自比较。

在我的青春期家长课上有一个好玩儿的活动——"画孩子/画家长",我让学员们画出典型的青春期孩子家长和理想的家长,通常是这样的结果:

典型的家长一般是一个肚子圆圆的、头发乱乱的中年妇女,脸上还有斑,旁边写着:

唠叨

暴躁

焦虑

无助

讨好

黄脸婆

理想的家长一般画的是一个身材苗条、眼睛大大的、面带微笑的妈妈,旁边写着:

时尚

脾气好

善于倾听

受孩子喜爱

会下厨

爱整理

家庭和睦

与社会同步

提问 你们见过这样理想的妈妈吗?

她们说偶尔能见到,还有人说老师你一定就是这样一个妈妈,其实老师我只会给儿子做个炒饭。我又问，看看理想家长里面，有没有哪些特点你们身上也具备，大家你一嘴我一嘴说出了很多，有的妈妈擅长美食，能三十天早餐不重样；有的妈妈轻松搞定婆媳关系，经常两大家子十几口人一起旅游；有的妈妈从孩子几个月大就带着娃自驾游中国；有的妈妈把家里发生的故事都手绘成画……我又问，那为什么画典型家长的时候没有一点点优点呢？大家面面相觑，那个典型妈妈的图画，是哈哈镜里的我们，不是真实的自己。

英国一家机构对2000名女性进行了一个调研，女性平均每天批判自己8次，42%的女性声称自己从未赞美过自己，46%的女性说她们每天早晨9:30之前至少要批判自己一次。我们在批判自己的时候，往往最严厉而毫不留情。讲课多年，这是我听到的各种来自女性对自己的批判：

太胖、脸太大、皮肤黑、牙齿不齐、腿太粗、胯太大、脾气急、女汉子、拖延、没毅力、贪吃、爱八卦、爱看韩剧、爱购物、对孩子没耐心、怕吃苦、不求上进、内向、胆小、保守、鲁莽、马虎……

提问 这些声音从哪里来的呢？它们是不是似曾相识？

1. 你从小被贴过哪些标签，它们还在吗

> 如果把童年再放映一遍，我们一定会先大笑，然后放声痛哭，最后挂着泪，微笑着睡去。
>
> ——宫崎骏（《龙猫》）

成年人不能接纳自己，很多是来自童年，来自父母、兄弟姐妹、老师、同学对我们的评判，而这些评判往往是建立在比较之上的。

父母会拿我们和兄弟姐妹来比较，即便是独生子女，我们也往往有一个表亲互为参照物，在父母眼里老大可能是稳重的，老二干什么都不行，

老小可能是机灵的。即便是我们自己,也会不自觉地和兄弟姐妹比较,这个时候就像在分一块巨大的家庭馅饼,孩子的思维是非黑即白的,你拿了一块馅饼,我就只能拿另外一块,你学习好我就懂事听话,你调皮我就嘴巴甜,你要小聪明我就踏实。

当我们走进学校,又被学校放在评价体系里公开地比较,老师把孩子们划分成三六九等,好孩子、坏孩子、不好不坏的孩子,有的时候,老师的一个评价可能跟你一辈子。

于是我们在成长过程中被贴上了很多标签,而这些标签,时至今日仍然牢牢地贴在我们身上,让我们不能看清真正的自己。

很多人告诉我她们曾经被贴标签的经历,标签有的针对外貌,有的针对性格,有的针对能力,有的标签看似是"坏标签",比如黑、懒、五音不全,有的标签看似是"好标签",比如聪明、懂事、认真,但实际上无论好坏,标签都局限了我们对自己的接纳。

先看看这些所谓的"坏标签"。

"我被贴过**又矮又丑**的标签,一直深信不疑,觉得自己是被嫌弃的,很没自信,高考的时候不敢报考师范类学校,怕当老师被学生取笑。处对象的时候对人家言听计从,一味地讨好委屈自己怕被抛弃,永远觉得自己配不上人家。结婚后先生对我疼爱有加,自己却觉得自己这长相极度对不起先生,心里充满内疚自责。家里生活条件好了,先生应酬多了又担心他有钱就变坏,自己再被抛弃,放着年薪几十万的工作不做回家带孩子!"

"我小时候常被妈妈贴标签,比如'你就是那么**粗心**!''你这个**胖**闺女(愁我大了嫁不出去)''太**懒**了,房间里跟个猪窝一样'。这些标签,带给我很深的自卑感,总觉得自己做得不够好,会担心别人不喜欢自己。而那个粗心,会让我把自己不努力而造成的成绩不好都归于'我都会,我只是粗心',继而不再去找原因,不去努力。"

"初中时,学校组织歌唱比赛,同学们推荐我当领唱,我也认为自己如同别人耳中的声音甜美,于是自信地唱了起来,没曾想,一开腔,引起全班同学哄堂大笑。音乐老师频频摆手,示意我坐下。我恨不得钻到书桌下,估计脸都红透了，发烧了一般。'五音不全'的我再也不敢在大众面前唱歌了，从前自编自唱的我消失得无影无踪。渐渐地，我发现自己不再爱听歌，甚至音乐能让我焦躁起来。直到现在，我仍不能摆脱这个标签对我的影响，理智上我知道音乐可以带来很多美妙的体验，然而在我的生活中它变得可有可无。"

再看看这些所谓的"好标签"：

"我被贴过**很乖巧很听话**的标签，一直认为我只有乖乖地听话才是好的。现在有时候跟长辈意见相左的时候最后都会妥协，潜意识里认为我只有听话才是好孩子，乖乖的没有自己的意见才是好的，很多时候都是别人发表意见，我听着去执行就好，做事情特别被动，不灵活，缺少主见……"

"我被贴过**见人敢说话**的标签，家里来人就主动叫人，叔叔好伯伯好的，来过一次的就基本能记住。为了得到夸奖，在路上遇到认识的人，我会追出几十米跑去打招呼，有的人还得问一下我是谁家的。长大以后就特别不爱遇到熟人，有时候离远一点发现迎面走过来的是熟人会故意绕开。"

"小时候经常被长辈说这孩子**很乖，很懂事**。也有些长辈说我有些呆，因为被欺负也不会还手。对我来说，因为老被说乖和懂事，我是老大，还有个妹妹，所以要做出样子来，什么都得让着妹妹，自己有需求经常压制自己，不敢表达出来，在外也得乖乖的，受别人欺负往后退也不敢说。现在这个影响还在，会本能压制自己的真实内心需求。"

"被贴过**很认真**的标签，现在我做事情依然感觉自己要去认真地做，如果不认真，就会感觉那就不是我做事情的原则了。有时候会感觉到累，看到其他朋友没有那么认真去做事，结果也没有不好，这个时候就会感到自己很疲惫，因为我更多的时候是在意他人会怎样想，而忽略了本真的自己。"

"感觉小时候被贴过很多标签，影响最大的是**好孩子**，体贴人吧。小的时候被夸奖很开心，父母开心我也开心，越长大好孩子越难当，有时候觉得是压力，觉得好累，而且做事情特别容易在意别人的看法，经常第一反应是别人知道了会怎么想我。后来父母去世，突然觉得自己不知道人生目标是啥了，觉得以前做任何事情似乎都是为了父母开心，似乎没真正为自己活过。婚后也努力孝顺公婆，为老公为家庭为孩子什么都可以放弃，似乎从来没想过自己开心不，就想做个好儿媳妇好媳妇好妈妈，其实挺累的！"

"我被贴的标签比较'正面'，包括**聪明**'**能力强**'**啥都会**''**什么都**

懂''爱学习''没有解决不了的问题'等。带来的影响是：不求助，什么都试图自己解决，自己遇到困难也是默默地扛着寻找解决办法；会焦虑，担心做不好怎么办，我对别人也是要求完美，经常会想'这个你们也不会？'；朋友少，其他同龄人会觉得'她怎么会跟咱们玩'，所以他们一般不抄作业不会来找我；孤独、不愿意倾诉；很难承认自己有错，觉得自己什么都对；害怕失败，很少去努力做自己感觉没有把握的事情，很容易找借口放弃；为别人的情绪负责，很担心别人不满意……回想学生时代，人人都赞美我的聪明，却很少有人注意到我的努力，他们总看见我在玩，事实上，我是把别人睡午觉的时间都用在学习上的。"

当我们还是一个孩子，被贴标签的时候很无助，面对那些来自权威的评价，我们会不假思索地信以为真，其实那些贴标签的人，很多都已经不在我们的生活圈子里了，但我们还牢牢地不肯摘下这些禁锢。

看过去的一切，不是为今天的不如意找借口，发生了的已然发生，我们可以留意一下，住在我们心里的那个小孩是不是还没有长大，所以说我们的人生列车经常是由一个小孩子操纵的，这个内在的小孩需要今天的我们去养育她、鼓励她，让她长大。

我的一个学员，从小就被贴上了"我是姐姐""我要对弟弟好""我是有责任感的"的标签，弟弟比她小5岁，妈妈一直非常偏爱弟弟，一直到现在，妈妈还要她给弟弟买房，而弟弟已经三十多岁了，没有正经工作的时候就长期住在她的家里。她没有勇气拒绝这些贴在自己身上的标签。她清晰地记得小的时候在学校门口等着妈妈接，但眼看着妈妈开着车带着弟弟从她面前走过，她被遗忘了，后来搭车回到家，而晚上妈妈和弟弟有说有笑地从餐馆回来，似乎根本没有注意到她。直到现在她都很痛苦，她想听到妈妈说一句"对不起"，她想让妈妈看见自己，而不是只有弟弟。但改变别人是不可能的，改变过去也是不可能的。

我问她，作为一个成年人，如果你看到这样一个小女孩，她被妈妈遗忘了，你想对她说些什么？她迟疑了一会儿，对着童年的自己说了很多很多的话，泪流满面，再后来她恍然大悟地告诉我，原来很多东西只有我们自己能够给予自己，如果总是期待去改变别人，只会让我们越来越痛苦。我看到的是一个越来越独立的个体，我感受到了她内心的成长，我也看到，那些标签似乎松动了。

每日一小步

鼓励你的内在小孩

我讲了很多个人成长课程，很多女性，她们看似坚强而阳光，但提到童年经历，经常是泪流满面，父母的责骂、体罚、偏心、忽视，这些成了人们一辈子挥之不去的伤痛。家，这个本应该给我们无数温暖的地方，却带来那么多的伤害。

很多人寄希望父母能对自己说句"对不起"，但一直得不到，而我告诉她们的是，当我们有勇气去接纳过往的一切，我们就有力量去治愈我们内心的伤痛。

找出一张小时候的照片，翻看寻找照片也许不容易，但这个过程会给你带来不一样的体验。

那时候你几岁？

在哪里上学？

有什么喜欢做的事情？

你的烦恼是什么？

你有哪些好朋友？

在这样的年龄，有什么样的记忆跳进你的脑海？

在那个时刻，你最希望有一个成年人对你说的话，写下来，念给自己听。

我不止一次看到，当人们勇敢地去面对过去，勇敢地说出鼓励自己的话，她们如释重负，喜极而泣，先爱自己，你才有力量去爱别人！▲

2. 你是不是觉得自己永远不够好

北京大学计算机系在天津只招了两名学生，她是其中之一，她是同学眼里的学霸，但是大学四年里她一直认为自己是学渣，大学毕业之后都羞于承认自己是北大毕业生……这个人，就是我。

我一直觉得自己不过是一不留神混进了名校的队伍：一个宿舍6个同学，一个是山西省状元，一个是13岁上大学的少年大学生，一个年级一百多人，可谓人才济济。当我掉进聪明人堆里，秒变学渣，就像滥竽充数里面那个不会吹竽的乐手，提心吊胆怕被发现。随着大学学习生活序曲的拉开，我这个冒充的吹竽人终于露馅了：功课如同天书，第一次考数学分析，我得50分，期末考试60分，估计是老师给的怜悯分；英语分班，我被分到最低级别，这时候才知道北京的同学在中学就已经考过托福了，而我都不知道托福是什么；上大学后才平生第一次摸电脑，而北京的同学在中学已经写过程序了。在接下来的大学4年，我如同一个溺水的人，找不到方向，功课只能马马虎虎对付，小伙伴去上自习，我在未名湖畔发呆，不知道前途在哪里。

这种觉得自己不如人的感觉一直延续到我的职业生涯，我在科学院工作过，和那些18岁大学毕业的少年班同事相比，我是最笨的；我写过程序，和那些下了班还热烈讨论编程心得的小伙伴相比，我是最不上进的；去读MBA，和挂着这总那总头衔的同学相比，我是级别最低的；我在外企做过职业经理人，和那些能和中外大老板拍着肩膀称兄道弟的同事们相比，我是最没前途的。

我不是唯一这样看待自己的人，我也曾经问过周围的人，她们有没有觉得自己永远不够好，很多人都说当然有啊。

"别人说我这好那好，我觉得这些方面好的大有人在，我不是最顶尖最特别的那个啊，所以，还是觉得自己不够好。"

"我的自我评价比较低，从小到大得到的成就感机会少，对自己比较容易否定，即使做得好，自己也一直没能给自己很好的肯定。这是我一直不能感觉很快乐的原因。"

"经常出现这样的问题，大家都觉得很好了，可是我觉得还不够好，无数个'我应该'冒出来，导致享受不了更多快乐。"

"我在别人眼里，很好。个子高，身材好，模样也好。其实我很自卑，从小我就是丑小鸭，特别丑。长大了，样子变了，但是这种自卑却改不了。我特别关注外形，什么都得好看才满意。我的生活，别人也觉得好，出生于富裕家庭，生活优渥。但是我的事业却百般不顺，我学英文专业，出国读书，但是我对自己的英语却特别不自信，我翻译了好几个美国老师的工作坊，朋友们都说我翻译得很好，但我却觉得我什么都不会，特别紧张！昨天有合作伙伴问我能否再去翻译一个工作坊，我又开始紧张得肚子痛，我好害怕。"

"几乎所有事情都是这样的，别人说已经很棒了，很完美了，我自己还是各种不满意，甚至是小到给朋友准备一个生日蛋糕我都很纠结……我自己能感觉到有时候是没自信，有时候是自己要求高、追求完美、特别想要惊艳的效果。"

如此种种，就是自己给自己的天空密布了重重乌云，透不过气。那么，事实果真如此吗？

实际上，我的大学成绩是中等，不是老末；我写程序速度很快，效率很高；我在外企带领团队和美国、澳洲的伙伴给全国十几个分公司实施项目，获得好评，期间我还完成了北大的MBA学习。但是，在自己眼里，我如此的一无是处，这样的不接纳长达二十多年，这来自比较。

我们的比较对象可能是周围的同学，我们会拿自己的短处和他人的长处比较，我们的比较对象，可能是自己臆造出来的完美人物，就好比在文章开头妈妈们画出的"理想妈妈",我们的比较对象有可能根本不存在。比较,让我们忘记做事的目的是什么了。

我现在和大学同学在一个微信群里,他们依然聪明过人,群里的话题很广:金融、IT、体育、政治、科技,还偶尔扔点数学题到群里;接下来就是各种牛娃见闻,谁的孩子拿大奖了,谁的孩子进藤校了,我非常坦然,我还能轻松地自黑自己大学功课差。

某天,忽然发现,我已经脱胎换骨,已经成为一个能高度接纳自己的人,而这种转变从什么时候开始的呢?

2011年,做了两年的全职妈妈,我开始和周围的妈妈们分享育儿理念,其实就是把我看的书做成PPT分享给大家。

2012年我成为一个正式的家长课讲师,我在这个领域没有任何学位和资历,相比当年千军万马过独木桥进北大来说,我这才真的是冒牌货,但我一点没有想过这个问题。为什么?因为我只想把事情做好。

我的目标是帮助和我一样困惑的小白妈妈,我没把自己当专家,我没有想过自己是否完美,我没有拿自己和任何人比较。当我的目标是把事情做好的时候,我会去补足需要补足的知识,我读大量的原版书并且翻译,我拜师远在美国的家长教育体系的创始人以及作者长达一年,我不断讲课,讲不明白就找原因改进,我要让自己不辜负所有学员对我的信任,在脚踏实地做事情的过程中,我停止了那些无意义的比较。几年下来,我用自己的专业度赢得了行业内外的一致好评,没有刻意营销,全靠口口相传。

神奇问题

我的目标是什么

有一些宝贵的东西作为它的目标时,生活才有价值。

——黑格尔

当我们被比较的乌云压得喘不过气的时候，当我们在不断的比较之中越来越没有信心的时候，当我们因为看不清道路而踯躅不前的时候，唯一能拯救我们的是思维方式的转换，来看看下边这个神奇的问题。

我的目标是什么？

还可以继续问自己这些问题。

第一步：我有哪些优势帮助我实现目标？

第二步：我有哪些弱点影响我实现目标？

第三步：我如何弥补这些弱点？

我们不妨来对比一下基于比较的问题和基于目标的问题有什么不同。

例　基于比较：别人怎么看我？

关注点在别人对自己的评价而不是事情本身。

基于目标：我的目标是什么？

从关注自己转向关注事情。

例　基于比较：我能做好吗？

关注点在结果，患得患失，不敢前行。

基于目标：我有哪些优势帮助我实现目标？

看到自己的优势有时候很难，我们对自己的优势习以为常，不妨去问问其他人，他们看到你的闪光点往往比你自己多。

例　基于比较：万一她们发现我的缺点怎么办？

把精力放在掩饰自己的弱点上。

基于目标：我有哪些弱点影响我实现目标？

每个人都有很多弱点，但是这些弱点不一定影响我的目标，可以说毫无关联，有时候弱点只是特点而已，就如同我不擅营销，很多人因此更加信任我的课程。

例 基于比较；万一我搞砸了怎么办？

怕做决定，不敢创新。

基于目标：我如何弥补我的弱点？

该补充知识就去学习，缺乏能力可以历练，需要帮手就去找，把最坏的情况写出来看看有多可怕，然后去规划。

例 就以我如何进入家庭教育领域为例，看看这个神奇问题怎么用才有好效果。我这样问自己：

我的目标是什么？

- 帮助家长学习如何不惩罚不骄纵孩子。
- 帮助自己学习如何养育孩子。
- 找到让自己有激情有动力的事业。
- 重新变为有收入一族。

第一步 我有哪些优势能帮助我实现目标？

- 英文好，可以看大量英文版著作。
- 养育俩娃，犯过很多养育错误，和家长同频。
- 逻辑性强，善于总结归纳。
- 语言表达能力好，能用浅显的语言讲明白。
- 文字表达能力好，有一些博客粉丝群。
- 形象也还不错。
- 生活状态积极向上。

第二步 我有哪些弱点影响我实现目标？

- 脸大。（哈哈，这和实现目标没关系）

- 计算机系的功课差。（这和实现目标也没关系哦）

- 不擅长公司政治。（这和我实现目标也没关，讲家长课是走心，不是寒暄客套）

- 缺乏系统的专业知识。（这个要重视）

- 不擅长营销。（这个要思考）

第三步　我如何弥补自己的弱点？

- 看经典的相关英文版图书。

- 翻译值得翻译的英文版图书。

- 师从创始人。

- 多阅读不同体系家长教育书籍。

- 拓宽相关领域知识面，包括管理学、心理学、教育学。

- 把能量集中在做好课程，让家长去传播。

- 写公众号文章，覆盖更广泛的人群。

例　通过问自己"我的目标是什么"这一神奇问题，那位老是嘀咕自己英文不够好的海归妈妈，可以这样问自己：

我去做工作坊翻译的目标是什么？

- 用自己的专业度去帮助不懂英语的学员。

- 翻译费体现自己的价值。

- 聆听外国导师第一手的知识。

- 结交更多的人脉。

第一步　我有哪些优势能帮助我实现目标？

- 听力无障碍。

- 发音很标准，和外国导师基本无缝沟通。

- 形象佳。
- 对要翻译的内容比较熟悉。

第二步　我有哪些弱点影响我实现目标？

- 当外国老师语速过快的时候我会跟不上。
- 有些地方的美国英语口音我不太熟悉。
- 在公开场合我会紧张。
- 下午吃完饭容易大脑断片儿。

第三步　我如何弥补我的弱点？

- 提前一天和老师见面，熟悉一下口音。
- 可以事先和老师约定一个手势，如果语速过快提醒他减速。
- 告诉大家我会紧张。
- 中午少吃饭，下午有精神，如有必要咖啡补上。

所以，当我们用基于目标而不是比较的维度看待问题时，不自信妈妈们的问题自然就能迎刃而解：

为孩子准备生日蛋糕是为了庆祝生日，蛋糕好吃、健康、孩子们喜欢是目标，不是为了让人觉得这个妈妈是多么了不起；

赴约去见老师是为了了解孩子在学校的情况，和老师沟通感情，不是去让老师给你打分，因为我们已经是成年人了，不需要任何人给我们打分。

小练习

现在请你想一想，有没有哪件事，你总是觉得自己做得不够好，看看神奇问题能否帮助到你。

先问自己：

我的目标是什么？

再问自己：

第一步　我有哪些优势帮助我实现目标？

(1) _____

(2) _____

(3) _____

(4) _____

(5) _____

第二步　我有哪些弱点影响我实现目标？

(1) _____

(2) _____

(3) _____

(4) _____

(5) _____

第三步　我如何弥补这些弱点？

(1) _____

(2) _____

(3) _____

(4) _____

(5) _____

第 2 章 　爱生活本来的样子——接纳

2.4 自己的孩子，为什么越看越不满意

> 当一扇幸福之门关闭时，另一扇门便会打开，但我们常常注视着那扇关上的门，而忽视了那扇为我们新开的门。
>
> ——海伦·凯勒

每个父母都认为自己是最爱孩子的人，但最不接纳孩子的还是父母。婴儿时期是孩子一生中得到批判最少的时候，一旦他们进入幼儿园、小学、中学，也就进入了一个社会评价体系，我们开始不自觉地拿孩子和周围的孩子比较，尤其是那些闪耀着光环的牛娃，我们有一种幻觉，怎么遍地都是牛娃呢？

在我的青春期家长课堂上，我让家长画出典型的孩子和理想中的孩子。

典型的孩子，家长一般画的是头发爆炸式，眼睛像睡不醒，戴着耳机，没有笑容，旁边写着：

叛逆

听不进父母的话

爱臭美

沉溺电子产品

顶嘴

不爱学习

脾气不好

理想的孩子，家长一般画的是阳光、整洁、一脸笑容的孩子，旁边写着：

乐观

主动

有礼貌

爱学习

体育好

自律

有兴趣爱好

只上和学习有关的网站

提问 这些理想的孩子你们见过吗？

大家几乎异口同声："别人家的孩子！"我接着问，那他们身上的特点你的孩子有吗？很多人也点头说有啊，比如：

我的孩子特别有礼貌，朋友来家里做客，我儿子每次都能带着朋友家的弟弟妹妹一起玩儿，周围的小朋友都特别喜欢他。

我的孩子喜欢写网络小说，很多同学都是他的粉丝。

我的女儿经常会在周末的早晨给大家烤蛋糕……

那么，为什么我们画的典型的孩子身上只有缺点呢？这还是来自比较。

1. 你在拿孩子和谁比较

我们比较的对象可能是孩子的兄弟姐妹，可能是那些德智体美劳都优秀的牛娃，还可能是爹妈一辈子都没有实现的人生目标，总之是一个自己

第 2 章　爱生活本来的样子——接纳

孩子肯定比不上的对象，在这样的比较之下我们屡屡战败，而孩子的失败就意味着我们的失败。

很多家长都有被老师召见的经历，在我的家长课堂上，经常有妈妈正上着课就慌慌张张地拿起手机走到教室外，老师来电话或者发短信了，接下来的时间如临大敌、心神不宁；还有妈妈自己是老师，面临这样的问题更是诸多尴尬，一个教育工作者没有教育好自己的孩子，多么的失败；记得我最开始讲家长课的时候，我去儿子学校推广课程，市场部非常支持我，正准备把我的课程通知发给全校的家长，这对于我这样的新讲师是一个难得的好机会，但就在此时我接到女儿（她和弟弟在一个学校）老师的邮件要找我谈谈，我第一反应是我的孩子有问题，我就不配给其他家长讲课了，于是连忙让市场部取消了这个通知。

家长们告诉我

"当收到老师的短信/电话，我是又担心又焦虑。心想，不知道孩子又做错了什么？因为孩子刚上一年级，第一个月就在课堂上尿裤子了。见到老师后，知道孩子上课不认真听讲，在课本上乱涂乱画，我现在是又生气又烦躁。"

"被叫过很多次。那时候是觉得丢人、抓狂、焦虑，我的孩子怎么不像我，怎么这么不争气？！被老师批评时，恨不得钻地缝。"

"接到老师电话。会觉得胆战心惊，第一感觉会觉得孩子是不是犯了什么大错，觉得自己没脸见人了。见到老师，感觉会尴尬，脸会热，因为自己也是老师，会想为孩子辩解等。我家俩娃，被一个娃的老师叫家长，结果另一个娃的老师也在排着队等着告状。"

"前两个月儿子的老师给我发了几次微信，说了孩子存在的问题，没有叫我面谈。但是看到微信，也是焦虑、愤怒，自己的孩子怎么会这样，哪里出了问题？静下心来，发现还是不能接受作为讲师的孩子也会犯错误，焦虑是因为认为自己无能，没有做好。我才意识到我的思维模式是'你看别人家的孩子''你看看其他讲师'。"

"当收到老师的短信/电话，我很紧张、着急、困惑，他怎么了呢？又发生了什么不好的事情？猜测老师为什么找家长。失望、无奈、惭愧，孩子肯定学习不好了,老师是不是就找了我一个家长,孩子肯定还有什么不好的事情发生……"

如果说每个人内心都住着一个孩子的话,被老师召见的时刻就是一个胆战心惊的孩子在仰望一个高大威严的老师。

听听老师怎么说

"两种情况会叫家长:1. 孩子在学校状况不好,这种不好包括不合群、爱哭、配合度低、游走在集体活动之外等。一般叫家长是为了了解孩子具体情况,包括家庭状况,父母工作,平时谁监护多等。2. 孩子有明显进步,也会叫家长。告知在学校我们用了什么方法,孩子有哪些进步,家长如何继续配合等。"

"我一般在这种情况下会请家长:当学生在某方面表现特别突出,我会请家长到校参加班会,并介绍孩子的优异表现,请家长为孩子颁奖,感谢家长对孩子的教育。我期望告诉家长他这样做不仅使自己的孩子很优秀,也给全班家长和孩子做了好榜样。"

"某个学生很惹我生气,我会很愤怒地请他下午叫家长,结果到了下午我也忘了,家长却来了,我忽然觉得问题也不是那么大,只好简单说说经过,希望家长在这方面关注孩子,给予我帮助,通常这个时候我都比较尴尬。"

"以前会觉得实在没办法了,就去叫家长来。我也不喜欢见家长,家长老诉苦,说'老师我也没办法了,靠你了',特别尴尬无奈。现在是觉得希望听到孩子在家的情况,综合了解孩子的状态,因为很多时候孩子在家和在学校是很不一样的。我们希望家长能够学习,多去改变自己的思维方式,多去了解如何和孩子沟通。"

当家长们听到来自老师的心里话,一下子宽心很多,老师是一份职业而已,就和我们其他的职业一样,除了授课,和家长沟通也是一项内容,意在传递信息。而老师首先也是一个普通人,和我们每个家长一样,遇到挑战也会有情绪,所以她们也需要来自家长的帮助。即便是自己的孩子,我们看到的也不是全部,老师看到的也不是全部,很多孩子在家里的表现和在学校里的表现迥异,放下比较,和老师见面,其实是在帮助我们更加完整地了解孩子。

那些没有被点名召见的家长,也经常暴露在各种比较的冲击下,我们在朋友圈上经常能看到举世瞩目的各种牛娃,比如五岁钢琴神童技压全场萌萌的样子,但这其实对我们构成不了冲击,因为距离太遥远了。但是当身边人晒牛娃的时候就不一样了,因为距离近,就会给我们错觉认为孩子们的差距也应该很近,殊不知人与人的差距真不是用尺子来量的啊!我们看到别人家的孩子得了奖牌,我们听到别人家的孩子弹奏流利的乐曲,别人家的孩子和某某领导握手了。班级群里,老师晒优秀作业,晒考卷,谁得的小贴画最多,晒者无意,看者受伤,很多人只能屏蔽牛娃爹妈的朋友圈才能过上平静的生活,潜台词是:"为什么我的孩子不如他?"

碰巧我的周围牛娃特别的多,我的大学同学们在群里经常晒二代,很多父母本身就是牛娃,孩子继续牛,而且青出于蓝胜于蓝,比如在美国拿竞赛金奖,被常青藤名校提前录取,家里俩娃双双进哈佛,全美青少年游泳比赛名列前茅等。有人说要是她早就退群了,我觉得其实别人家的孩子和我没什么关系,不是因为我认识她妈妈,就代表我们的孩子就有什么可比性。

提问　什么是"牛娃"?

通俗意义上"牛娃"就是指某一方面超于常人的孩子,所以一定是少之又少的,否则就不会被看作牛了。那么这少之又少的低概率事件又是如何发生的呢?有没有注意到,很多时候牛娃父母分享经验的时候都会说:"其实我们没怎么管",这是怎么回事儿?

妈妈小故事

我的一个学员,孩子一路都是被当地最好的学校录取,而且在最牛的学校里仍然名列前茅,10万名考生里排名前10,但她说孩子上小学二年级之后就没有再管过学习。

我穷追不舍地问:"我想知道的是,你在孩子二年级之前做了些什么?"

牛娃妈分享:在孩子成为牛娃之前我都做了什么?

孩子出生之后,妈妈读了大量的心理学、教育学书籍。

像所有教育学家倡导的，她在孩子1岁前用心构造信任感，及时回应孩子的所有需求。

3岁之前她花了很多心思开发孩子的智力，比如专门用一个房间把墙壁做成软包，在里面和孩子玩各种开发智力的游戏，每天给孩子读书，所以小朋友3岁左右已经识字三千。

小学一年级，陪伴孩子养成每天回家先完成作业再玩的习惯。

妈妈自己喜欢做公益，所以孩子跟着她做了10年的公益，即便在高中功课很忙的情况下仍然每周都去给贫困生上补习课。

我听过不止一个牛娃父母的分享，其实有很多共同点：

和孩子构建良好的信任的亲子关系，这是一个家庭的情感大环境。

她们花时间培养孩子的习惯，而不是反复纠正孩子的不良行为，这是授之以渔，培养孩子的能力。

她们也会带孩子去做学习之外的事情，坚持数年，比如公益、读书、旅行、运动、爱好等，因为孩子终将是一个社会人。

还有一点就是，孩子在他们心中永远是牛娃，和外人眼里的成绩无关，或者她们做这一切的时候并不是为了培养牛娃，牛娃只是一个副产品而已。

提问 那是不是我用了同样的方法也能复制出一样的孩子呢？

还真不一定，孩子的先天就是不同的，有时候我们并不知道是我们培养了孩子，还是因为孩子某方面的天赋激励了我们。我有一个朋友，她的儿子一岁多就对数字感兴趣，地垫上的数字一玩就是俩小时，我家和她家铺着一模一样的垫子，天天唯一感兴趣的就是把数字抠下来放进嘴里。孩子喜欢什么家长也会更愿意买什么，朋友特别喜欢给儿子买和数字相关的东西，那个小朋友3岁就会算加减乘除，孩子的进步又激发了家长持续在这方面的引导。

孩子不是流水线上的产品，如果我们把他们当作产品，就会计较投入和产出比，自然对最后的产品吹毛求疵了。我从天天十个月开始每天给他睡前读书，而他享受的是依偎在妈妈身边听故事的幸福感，直到六七岁也没有对书上的文字发生一点兴趣，但是我给他读书是为了让他识字吗？我在地上铺有数字的垫子是为了让他喜欢数字吗？都不是，给孩子读书是因为这些书很好看、孩子喜欢，地上铺垫子是因为这样便于他爬行，便于我们能随时坐下来和他一个高度说话玩耍。如果说这样的投入有什么产出的话，那就是亲密的亲子时光和健康的身心发育，还有就是天天知道书是我们生活的必需品。

有些家长会很泄气，因为孩子既没有过人的天赋，父母也没有在早期有细心的引导，而且还犯过无数错误，是否意味着我的孩子就没救了，我什么也做不了了呢？

这面一个关键点是你在拿孩子和谁比较？就算别人家的孩子和你的孩子同年同月同日生，但本质上毫无关联。每个孩子都是一个独特的个体，他们具有专属于自己的DNA，不可能成为任何孩子的复制品，也不可能成为父母的复制品。

每当家长焦虑地来我这里寻找答案的时候，我能感觉到他们迫切的眼光背后，是希望我能给一个快速的配方，让孩子一下子爱上学习，让一切问题马上消失，但是很遗憾，这样的配方还没有生产出来，我经常只能残忍地说一句：种瓜得瓜，种豆得豆。今天的果是昨天的因，当然这个因有先天原因也有后天原因。但是今天的因又是明天的果，我想后面这句话也许能点亮他们的心。

我们的起点也只能在此刻，不会倒退到哪怕一秒钟之前，无论你以前有多少缺失，犯了多少错误，我们都只能从此刻开始改变，我们不可能把孩子塞回肚子里重新来过，但我们可以从今天开始，完完全全地接纳这个独特的生命。

2. 除了学习，孩子还有别的闪光点吗

> 最有希望的成功者，并不是才干出众的人，而是那些最善利用

每一时机去发掘开拓的人。

——苏格拉底

记得有一次讲青春期家长课，有个家长非常着急，孩子数学不好，家长每天各种唠叨，孩子不仅没有任何进步，还令亲子关系十分紧张，后来孩子索性连学都不上了，两个人在家连话都说不了几句。

提问 **你的孩子有什么闪光点？**

这个问题，如果你问一个小宝宝的妈妈，她会迅速说出一大串，但随着孩子年龄的增长，孩子在父母心目中似乎越来越不可爱了。一个原因就是，学习好不好几乎成为衡量一个孩子好坏的唯一标准。学习好就一好百好，学习不好就一无是处，我们被这样的标准比对着长大，很多人深受其苦，但今天又在用同样的标准对待自己的孩子。

这个家长的答案是："没有。"我又问："再使劲儿想想。"她还是摇头，第2周她来上课，我继续问，这一次她迟疑地说："我女儿好像画画还可以。"她给我们看了女儿画的国画工笔画，非常漂亮。

到底什么是学习？很少有家长为孩子美术课不及格而着急，所谓学习不好大多指语文、数学和英语，也就是语言和数理逻辑两大项，这也是大部分教育体系的主要内容，但很遗憾这两项天赋，上天并没有给所有人赋予一样的长短，孩子们的学习水平必然是参差不齐的。

经常听家长抱怨孩子不努力，学习态度不好，离谁谁谁差远了，我想说的是，他很可能根本不知道该怎么努力，就好比让我去学高等物理一样，想努力都不知道劲儿应该往哪里使。学得好和努力是互为因果的，喜欢的、擅长的东西就更愿意努力，当努力之后看到好的结果，又会激励自己更加努力；反之亦然，这门学科很难，也没兴趣，就不愿意努力，结果自然也好不到哪里去。学习不是一件你想到就能做到的事，我觉得做家长的需要勇敢地面对这样的现实。

第 2 章　爱生活本来的样子——接纳

父母要接纳现实，才能找到适合孩子的起跑线。也有家长说我家孩子就是不愿意跑，没有动力，非要我推着。那么什么是孩子的动力？一定不是他们身上被指出无数遍的缺点和弱点，接纳孩子也不是从他们的缺点开始，而是从寻找闪光点起步，它们如同宝藏，需要父母去细心发现和呵护。

妈妈小故事

那个一开始找不到孩子闪光点的妈妈，完成了7周的家长课，改变了很多，母女关系由原来的不讲话，变成半夜12点女儿还拉着她聊，她们在彼此的眼里都更加顺眼了。她给女儿找了一个比较好的美术老师，准备去考美院附中，孩子还是那个孩子，没有变，但妈妈变了，女儿一下子多出了很多闪光点，数学不好的那个大污点似乎一下子微不足道了，这是一年前的事情了。最近这个妈妈告诉我，女儿差了十几分没有考上美院附中，现在在一家艺术机构补习，准备考取伦敦的艺术学校，为了去伦敦，她开始苦学英文，而这原来本是她的短板，但有梦想驱动着，她愿意为此付出努力。

每每听到看到青少年出现的各种心理疾病，背后都是一个对自己没信心的孩子，有的孩子很优秀，但对自己的要求非常苛刻，不能容忍任何一点儿不完美；有的孩子一直处于低自尊水平，他们感受不到任何来自家人的爱和认可；还有的孩子只能去外面寻求认可和关注……

我们作为一个普通老百姓，不能左右教育大环境，但我们能做的是改变家里的微环境，发现孩子的闪光点就如同我们每天要吃饭一样，是做父母的重要职责。孩子这些年已经习惯了被指出自己的各种缺点，这让他们自己都对自己缺乏信心，如果你问很多孩子他有什么闪光点，他们自己可能都说不出来，这个时候尤其需要父母的细心观察。

闪光点不是基于名次和奖牌，它是基于对孩子全面的观察；闪光点不是基于和其他孩子的比较，是完全基于孩子本身。

我们可以观察一下：

是什么让孩子如此专注？

谈论什么能让他眼里冒出火花？

做什么样的事情能给他带来成就感？

> **妈妈小故事**

我有一个学员，是一个城市知名的电台主播，有一个正值青春期的儿子，她学习心理学和家长教育很多年，母子关系非常好，她告诉我："我儿子在玩蚂蚁的时候最专注。"儿子在家里养了几百只蚂蚁，而且是放养在家里的两棵植物上，这在我们看来太不可思议了。

养蚂蚁有很多门道，这背后需要查阅大量关于蚂蚁的资料，需要去观察蚂蚁的状态，需要处理各种意外，比如有一次他们因为外出旅行没有给蚂蚁放够食物，蚂蚁爬到家里的各个角落，要用吸尘器"扫荡"才行。养蚂蚁这件在我们大部分人看来无从下手的事情，在这个少年手里管理得游刃有余，在这背后我们看到了热情、好奇、探索、不怕困难，更重要的是看到他对生活的热爱，在青少年心理疾病越来越多的今天，这是能让孩子面对压力的最重要的一点。

有时候家长会说我儿子对什么都不感兴趣，就爱玩游戏，其实可以观察一下孩子喜欢玩哪一类的游戏，推理的？文字的？互动的？手眼协调的？这都展现出孩子的不同智能偏好。我观察过天天玩游戏，他对拼图乐高类的东西从来无感，他喜欢有真人参与的游戏，比如过家家，一直到很大他仍然喜欢。今年夏天他玩iPad上的足球游戏很上瘾，我看了一下，因为在这里面可以选择自己喜欢的球员组成球队，这些球员都是真实的有名有姓的球星，他知道了无数球星的名字、相貌，我们还到美国硅谷去看了皇马和曼联的比赛。回到北京，他疯狂地爱上了踢足球，整整一个学期，每天带着足球上学，他的很多球技都是在足球游戏上回放慢动作来学习的。

近代教育学已经慢慢推翻了传统的以语文和数理逻辑为核心的智力模型，比如20世纪80年代哈佛大学的著名心理学家加德纳提出了多元智能理论，他认为我们每个人有8种智能：语言智能、数理逻辑智能、空间智能、运动智能、音乐智能、人际交往智能、内省智能、自然观察智能。所以我们在观察孩子的时候需要多开脑洞，相信上天送给你的孩子一定是一个有着无数闪光点的孩子。

> 每日一小步

孩子的闪光点

你是不是总是看到孩子的缺点？

你是不是总拿孩子和别人家的孩子比？

你的眼里是不是只有成绩、名次和奖牌？

如果是这样，一开始找到孩子的闪光点可能很难。让自己的内心安静下来，还记他还是个小婴儿的时候吗？他会笑了，他会叫"妈妈"了，他会坐、会爬、会走路了，在那个时刻，你没有太多的功利心，你就是简简单单地为他的进步开心。今天，他还是你的孩子，他是一个还在不断成长的孩子，静静地看着他，就像你看着那个小婴儿一样。

(1) 什么样的事情让他最专注？
(2) 谈论什么能让他眼里冒出火花？
(3) 做什么样的事情能给他带来成就感？
(4) 他是一个什么样的学习者？
　　a. 视觉型学习者——通过观看学习
　　b. 听觉型学习者——通过听来学习
　　c. 动觉型学习者——通过操作和运动来学习
(5) 参考一下哈佛大学教授霍华德·加纳德的多元智能理论，孩子在哪些方面更擅长？
　　a. 语言智能
　　b. 数理逻辑智能
　　c. 空间智能
　　d. 运动智能、音乐智能

e. 人际交往智能

f. 内省智能

g. 自然观察智能

寻找孩子的闪光点是一个漫长的寻宝过程，享受它吧。▲

2.5
孩子越是"差"，越是需要你的接纳

很多时候家长会说："我的孩子实在太差了，一无是处，我都不知道有什么可夸的，说你真棒吧，不光我不信，孩子也不信。"这是因为，我们不知道如何看见孩子。

换个角度想想，这样一个"太差"的"一无是处"的孩子，他在其他地方得到的接纳已经很少了，如果父母再不去接纳他，那他还有什么希望呢？

1. 看见孩子，就是最大的鼓励

人们经常认为只有孩子表现好的时候才可以去夸他，比如下面这些赞许。

"考了100分，你真棒！"

"你听我的话我真高兴"

"你真是个好孩子！"

这样的话我们不仅经常听到，估计也说过不少次，但仔细想想它有什么问题吗？我们换个说法来对比一下。

例 表扬：考了100分，你真棒！

鼓励：我看到这是你努力的结果。

表扬肯定的是结果，是有条件的；鼓励肯定的是努力，是无条件的。

例 表扬：你听我的话我真高兴。

鼓励：说说看，你是怎么想的？

表扬让人依赖外界的评价，鼓励是来自孩子内在的评价。

例 表扬：你真是个好孩子。

鼓励：无论如何我都爱你。

表扬让人取悦对方，鼓励让人感受自身价值。

提问 什么是真正的鼓励？

鼓励是让孩子体验自身的价值，这种价值感不是来自外界的评价，而是孩子在探索世界的过程中的自我体验，可能包括成功也可能包括失败，我们的过多介入往往会让孩子失去体验的机会。

很多家长告诉我他们从小到大很少听到鼓励的话，这对他们来说就像说外语，我告诉她们，其实鼓励非常简单，就是看见孩子，然后把你看见的事情描述出来就行了。我在家长班上都会带领大家每天给孩子写一句鼓励的话，我的儿子叫天天，我取名为"天天鼓励"，很多妈妈一坚持就是好几年，比如犇犇的妈妈写的"犇犇鼓励"，来看看这些鼓励的话语，相信你一定会脑洞大开。

可以感谢孩子给我们的帮助，或者对其他人的帮助

#犇犇鼓励# 犇犇晚上你教妈妈下国际象棋，很耐心很细致地讲解规则，并指导妈妈该如何走，有的规则你讲了好几遍妈妈都没记住，可你依然很有耐心地反复讲解。妈妈真应该向你学习，对你多一些耐心，少一

些不耐烦!

#天天鼓励# 今天外出回家,妈妈拿的东西特别沉,上楼的时候你把衣服和包全部拿在手里,让妈妈只捧着一束花,非常贴心。

可以鼓励孩子的努力

#犇犇鼓励# 犇犇今天放学后你去上了两小时的冲刺班,回家吃完饭、练完琴就开始写作业,刚好赶上今天作业很多,你几乎没有任何休息地做到了九点半,这是做作业最晚的一次了。妈妈看得出你很累了,但你依然坚持认真完成所有作业。躺在床上,你说要跟妈妈头脑风暴一下最近情绪急躁的原因和解决办法,妈妈建议你改在明晚精神比较好的时候头脑风暴,你接受了。能觉察到自己的问题,并且想办法解决问题,犇犇真棒!

#天天鼓励# 天天,昨天晚上数学题有不清楚的地方,我建议你今天去问老师,开始还担心你不敢,没想到你今天问得很清楚,而且在学校就写完了,能做到有不清楚的就去问,很有勇气。

可以鼓励孩子的进步

#天天鼓励# 今天聊起同学,你说了一些同学的缺点,我问:"能不能想想他们的优点呢?"天天说:"有一个同学特别会关心别人,我的脚崴了,他来问我怎么样,还有一个同学喜欢逗大家开心",你开始看到别人的优点了。

#犇犇鼓励# 犇犇今天晚上打乒乓球回来,你跟妈妈商量可不可以取消周日下午的这场球,因为你觉得早上写两小时书法、中午上两小时奥数课后,再去打场球有点太累了,效果也不好。妈妈也觉得这样你有点太辛苦了,所以需要好好琢磨琢磨,再调整一下打球的时间。犇犇你能表达自己的想法,并且用具体的理由来支持自己的观点,棒棒哒!

可以告诉孩子,他们给我们带来的快乐

#犇犇鼓励# 犇犇今天练《天空之城》的时候,有一小节很难,你

反复练了几十遍，没有丝毫的烦躁，终于能比较流畅地弹完整首曲子了。现在听你弹琴真的已经成为一种享受啦！

#天大鼓励# 今天听你弹《未完成交响曲》真是一种享受，在里面我"听"到了你的热情，你把最喜欢的段落弹了十几遍，没想到一首一百多年前的曲子被你弹得像摇滚一样，特别开心音乐给你带来了快乐，也开心在音乐里"听"到了你的热情。

看到这里，相信你会有冲动拿起笔现在就去写，孩子是天使，永远都是，只要你用心去看。

> 每日一小步

每日一鼓励

鼓励其实就是一种看见，问问自己，你今天有没有看见：

(1) 孩子给你带来的快乐

(2) 孩子对你的帮助

(3) 孩子对别人的帮助

(4) 孩子的进步

(5) 孩子的努力

(6) ……

如果你看见，就告诉他，还可以写下来，多年以后翻看这些话语，会有一股暖流流过你的心田。▲

2. 妈妈故事——我的孩子是多动症吗

5年前一个妈妈来到我的课堂，那个时候她的孩子才上小学，上课注意力不集中，丢三落四，而且，他还经常说自己肚子疼，不好好吃饭，大哭着要求老师给妈妈打电话带他回家，孩子课堂上作业不好好完成，考试几乎空白。

她带孩子去看了医生，医生诊断为"注意力缺失综合征"（ADHD），也就是俗话说的多动症，其实现代很多教育专家认为这是一种特质而已，不是病。ADHD 的孩子会比较难以专注，不是他们不想专注，就好比憋气游泳一样，他们专注的时间比较短。虽然这不是病，但它给孩子带来的伤害往往不是不专注本身，而是老师和父母对待这件事的态度，孩子们可能会被贴上"懒""笨""拖拉"的标签，长此以往，大大地伤害孩子的自尊。

这个妈妈令人敬佩的是，她不止于焦虑，而是想办法寻找一条积极的出路帮助孩子，她勇敢地接纳现实，反思自己，也开始了不断的学习，她后来又来上我的讲师班，并且开始通过讲课帮助更多的家长。

看完这段故事，我非常感动，我深知这5年有很多不易，有多少次对自己的怀疑，有多少次看不到效果的挫败，也有多少次需要挑战自己的心理，她说："我没啥了不起的，就是一个不太认命的母亲罢了。"

上学是长跑，妈妈是那个陪跑人

萌妈

幼小衔接亮了红灯

刚上学的儿子对于上学什么都是懵懵懂懂，每天就是背着书包去"打酱油"。我记得刚开学没多久，他上课注意力不集中，手里玩东西的现象十分严重。用老师的话来讲："孩子的学习习惯十分不好。"书本摊成一片，桌子上、课斗里、椅子下，都散落着他的学具和书包。丢三落四更是家常便饭：丢学具、丢鞋子、丢校服、丢饭盆、丢水壶……而且，他还出现心理问题：经常说自己肚子疼，不好好吃饭，大哭着要求老师给妈妈打电话带他回家。那一阵，我成了学校里的常客。更让我焦虑的是，他课堂上作业不好好完成，考试几乎空白，这些问题尤为严重。这一件件、一桩桩的情况忽然向我砸来，真让我感到招架不住。回想自己当时的心情真的是糟糕极了，每天上班都提心吊胆的。只要接到老师的微信或者看到孩子的考试成绩，内心是既着急又绝望。可是着急归着急,冷静下来想:"我是妈妈,总要寻找一条积极的出路帮孩子解决问题,这才是王道啊。"

分析原因,寻找解决方案

俗话说:知子莫若母。自己的儿子比别人慢半拍这个情况我在他上幼儿园的时候就很清楚,但是当时没有给他压力,而是由着他慢慢来。上学后的节奏一下子快了起来,孩子那点可怜的学前期知识根本招架不住。再加上他意志薄弱,注意力严重不集中,一做题就畏难和烦躁,这让每天的功课对他和我都变成了一个挑战,同时,我也意识到了自己的急躁焦虑的情绪也对儿子产生了潜移默化的不利影响。我和老公一起罗列了自己和儿子需要"被拯救"的问题,一方面着手于帮助他辅导功课,改善学习方法,让他提高成绩的同时,另一方面开始接触心理学课程并利用学到的知识开始审视内心的那个"焦虑"的我。渐渐的,我察觉到内心的焦虑其实是自己求学时曾经不自信的阴影和对孩子未来的失控感造成的。我曾经特别渴望儿子也能变成"别人家"的孩子那样,做到德智体美劳全面发展。但是自己冷静想想也觉得可笑,这世界上哪有完美的人?对孩子行为的不能接受的背后其实是对自己的不接纳,不认可!

妈妈是那个陪跑的人

为了可以更多地陪伴孩子,我放弃了外企的工作,回归了家庭。我买来教材和练习题,根据孩子的学习进度制订辅导计划。同时,良好的学习/生活习惯是提高成绩不可或缺的因素。于是,我和孩子一起制订了日常惯例表,每天需要做的事情和对应时间都罗列到上面并执行:

每天进行口算训练,圈写生字、生词,回顾当天学习的知识是我俩每天的必修课。除此以外,练习册上的习题也是采用化整为零的方式,根据孩子的功课进度来进行不断的复习。假期里,我会带领孩子一起将上学期的主课内容做复习并对下学期的内容做部分预习。

从四年级开始,我渐渐地发现,孩子的语文成绩开始有了明显进步:背诵课文速度明显提高,看拼音写词语也不再抓耳挠腮了,听写还得过两次满分。同时,当我淡化孩子计算能力薄弱的同时,我反而觉得他的计算速度比以前快了。

为了培养孩子的自信心，每年我都会将他的绘画课外班的作品印成新年台历，让他亲自送给老师和同学们。在他学习了小提琴后，我还鼓励他在班级新年联欢会上演奏乐曲。这些举动获得了同学们的认可，给了儿子极大的满足和自信。对于一个性格敏感又不善表达的孩子来说，音乐和绘画除了给他平添自信以外，也成了他平时释放压力、表达情感的工具。逐渐地，儿子的话语越来越多，和父母的亲子关系也越来越近。在每晚临睡前的亲子时光中，他都快乐地告诉我们一天中发生在他身边的故事。

家校联合，心怀感恩

如果将教育孩子当成一个项目来管理的话，那么学校和老师无疑是整个项目的重要关系人。让我心怀感恩的是，对于孩子出现的一系列状况，学校和老师都给予了极大的理解和帮助。我利用接孩子、微信沟通、定期见面约谈等方式和老师不断地了解孩子的在校表现情况，并且将自己辅导孩子的方法和老师进行探索交流，求得专业指点。

在一次次沟通后，我了解了孩子的在校表现、学习进度、需要掌握的知识要点，甚至知道了自己原来在汉字和拼音的书写上还存在着不规范。除此以外，老师们还和我分享了以往遇到的教学案例，让我感受到在孩子的成长过程中，成绩只是一方面，保持一颗积极乐观的心态，健康地成长更加重要。每次和她们谈过之后，我都觉着自己这颗焦躁的心得到了抚慰，感到自己不是"一个人在战斗"。

在总结中获得收获，在改善中获得提高

我仔细对比了儿子刚入学时和现在的表现，觉得他的进步真不小。原来大字只认识不到20个，现在独立阅读了；一年级时做十以内加减法口算都要扳手指，想半天，现在可以轻松做出百以内四则混合运算。除了这些，他更明白了自己为何去上学，清楚了如何融入集体、认识朋友、建立友谊，逐渐理解了"自己是一名小学生"的真正含义。看着孩子这些可喜的进步，我感到高兴和欣慰。同时，不断地用发展的眼光对比自己的内心和孩子的成长，也是自我积极鼓励的源泉，且让我更加勇敢地面对孩子出现的问题并做出改进，陪伴孩子一同长大！

第 2 章　　爱生活本来的样子
　　　　　　　——接纳

2.6 你认为除了黑就是白吗

　　王老师，我小时候很乖很听话，导致我做事没有主见，现在尊重孩子的想法和做法，但是他有时候太出乎我的意料，经常不听从老师的指令，幼儿园老师三天两头找我谈话。我担心他上了小学后，我还是会经常被老师找谈话。我知道不应该拿孩子和别的孩子比较，也不应该拿孩子和我自己比较，但我就是忍不住地焦虑。

　　在有些人看来一个小孩子调皮是很正常的，不信你去问问一些孩子的爸爸，他们基本就没把这当成什么大事儿。记得我的一个爸爸学员曾经说起女儿在幼儿园被同学欺负，结果这个小女孩就打了回去，老师找爸爸谈话，他回到家后告诉孩子："以后有人欺负咱还是要打回去，老师说你就让她找我。"在这里暂且不说这种做法是否是唯一的办法，但这背后说明一个道理：让我们焦虑的不是事情本身，而是我们如何看待事物，也就是说是我们的思维定式。这个爸爸对自己有底气，也对孩子有底气。同样的，对自己没底气的妈妈，也对孩子没底气，说到底是一个能否接纳自己的问题。

　　而人为什么很难接纳自己呢，原因太多了，多到可以写一本书，这里面就说一个最常见的思维陷阱——黑白思维，这种思维模式会让人陷入内心冲突中。比如这个妈妈一方面认为"顺从不好，有主见是好的"，但当老师找谈话时，她的"顺从"的逻辑就开始作祟——"让老师不喜欢是不好的"。这是黑与白的冲突，难怪焦虑呢。

我们不接纳自己或者孩子，背后的潜台词往往有"必须""应该""一定"，人的很多烦恼都来自非黑即白的思维，这让我们看不到更多的选择。当把"必须"运用到别人身上，往往招致抵抗，当把"必须"用在自己身上，那就是把自己逼到了墙角。

我从小顺从听话，我一定做事没有主见。

老师找我谈话，一定是我的孩子不好。

要让我的孩子有主见，我必须事事都要让他做决定。

我们可以试试把"必须""应该""一定"去掉，换成"<u>有的时候</u>""<u>可以</u>""<u>还可以</u>""<u>可能</u>""<u>还可能</u>"。

我从小顺从听话，我一定做事没有主见。

我<u>有</u>的时候顺从听话，但很多事情我也有着自己的主见，比如<u>我可以</u>用和我父母不同的养育方式养育自己的孩子。

老师找我谈话，一定是我的孩子不好。

孩子没有绝对的好坏，只是不同而已，老师找我谈话是进行信息的分享，不是评判，<u>我可以</u>把老师说的几点记在纸上，回家和老公讨论讨论，看看他怎么看，<u>也可以</u>和孩子聊聊他怎么看。

要让我的孩子有主见，我必须事事都要让他做决定。

要让我的孩子有主见，<u>有的事情他可以做决定</u>，<u>有的事情需要我做决定</u>，<u>还有的事情我们可以一起协商</u>，做到和善与坚定并行。

人生不是只有黑与白，黑白之外是彩色，黑白思维让我们画地为牢。当然，改变自己的思维定式也不是只有"能改"和"不能改"之分，更多的情况是我们会一直走在改变自己的道路上，只要我们告诉自己"我可以"。

第3章

爱的力量
——连接

3.1 同在一个屋檐下的亲人，却怎么失联了

有一次我到乌鲁木齐讲课，住了10天，那里没有4G网络，连3G也不稳定，经常只有一个E网。失去习以为常、稳定可靠的网络，我感觉处处受阻。我约一个十几年没见面的朋友吃晚饭，考虑到当地交通拥堵，只要走错一条道就可能要堵一个小时，所以我们必须提前确定好见面地点。我发微信告诉朋友吃饭的地址，没有收到回应，后来她告诉我，她也遭遇同样的情形。我人生地不熟，自然要依靠导航，结果发现网络不灵，我找不到路线；好不容易和朋友取得联系，手机又快没电了，不敢通话，怕话还没说完手机就没电，然后我和她就彻底断线了。

我头一次发现，原来两个人之间是这么容易失联。当我们失联的时候，彼此都不知道对方的想法；当我们失联的时候，彼此找不到方向；当我们失联的时候，我们脆弱得不堪一击。我看着车窗外匆匆走过的人群，心里在想：不知道你们有没有和朋友失联？

这些年见过太多的家庭，同住一个屋檐下的亲人，貌似每天都在碰面，彼此说了很多话，但实际上被听见的不多。父母不知道孩子在想什么，孩子也把父母"拒之门外"；曾经"我的眼里只有你"的夫妻，有些现在已经仅靠微弱的责任和义务在维系着；更不用说很多家庭，常年硝烟弥漫，处于"战乱"状态，哪里还有什么信号。距离如此之近的人们，实际已经失联，这些现象就如同我在那个城市的遭遇一样。

1. 我怎么说他都不听

几乎每个家长都有过这样的烦恼，比如：

小婴儿就是不停地哭闹，不睡觉，无论你怎么哄都不管用；

孩子不愿意饭前洗手，不愿意刷牙，任凭你大道理讲了多少遍，什么"不洗手小细菌就要进肚子了""不刷牙牙齿就要长洞洞了"都不管用。

孩子上了小学，写作业磨磨蹭蹭，你在旁边不停提醒："专心，专心，别玩了。"但他依然是龟速般地进行，直到你大吼一声。

青春期的孩子沾上手机或者游戏就停不下来，你苦口婆心劝，劝不管用时就使出撒手锏——没收，但孩子总能用尽各种办法和你斗智斗勇。

老公总是在家里抽烟，陪孩子的时候坐在一旁就玩手机，你唠叨了一遍又一遍。

美国有一项统计，女性每天说话的单词量为20000个，而男性每天说话的单词量是7000个，所以女性说话量是男性的将近3倍。这篇文章认为导致这种差异的原因是大脑构造的不同，女性大脑中的某一种蛋白质比男性多。我们暂且不去考证这样的研究结果是否精确，但作为女性，真的很需要说话，问题是，我们说的话对方常常听不懂，我们的表达方式有时会让人曲解，还有更多时候，我们的语言会像一把刀，伤害到亲人。我们说了很多话，真正被听到的不多。

举个例子，很多妈妈都经历过孩子的"分离焦虑"，早晨出门的时候宝宝就是不让妈妈走，妈妈会说："宝宝，妈妈下了班就回家。"但是孩子还是哭，妈妈走了以后姥姥说："妈妈很快就回来了，妈妈要上班要挣钱，挣了钱才能给宝宝买玩具啊！"结果小宝宝还是哭，因为孩子还听不懂我们说的话，她还不能理解因果——妈妈不见了是因为妈妈要挣钱，妈妈挣了钱就能给宝宝买玩具。对于一个孩子来说，这是多么复杂的逻辑啊。

过了一个星期，妈妈走的时候宝宝不哭了，那么到底是哪句话起了作用？其实，我们大人说的话，孩子可能大部分都听不懂，但从妈妈的眼神和拥抱里，孩子能感受到爱。他能感受到姥姥的呵护带来的安全感，而且他意识到妈妈原来每天走了还会回来，多次这样的经验让他明白，原来妈妈走不是件可怕的事儿。在这里面语言有作用，但不是因为内容，而是连接，是每一次的连接让孩子产生了安全感，让孩子得到了满足。

我们平日里用到的很多语言方式，不经意间切断了我们和他人之间的连接，没有了连接，也就难怪对方听不到了呢。

唠叨："都说了多少遍了，吃饭前要洗手，你看看你的手，脏死了……"

孩子：都说了几百遍了，不用听啦，赶快把耳朵关上。

"不"语言："别动饮水机""不要哭""不要乱跑"

孩子：呆住了，那我应该做什么呢？还是去试试妈妈不让做的事儿？

"但是"语言："我知道他抢你的玩具不对，但是你也不应该打人啊！"

孩子：你其实就想说我打人不对吧，还假装理解我。

威胁："你要是现在不停下来，我就把你的手机没收，一礼拜不能用！"

孩子：不就是想吓唬我嘛，说明你也没招儿了。

口不择言："你怎么这么笨！""我怎么生了你！""你这么邋遢，将来谁要你！"

孩子：你不爱我了，没人爱我了，我的心在痛。

想想看，孩子每天听到类似的话不下几十遍，一年365天，耳朵都快听得磨出茧子了吧，难怪听不进去了呢。

2. 他什么都不和我说

不知从什么时候起，那个一天到晚说个不停的孩子，忽然间不说话了，回到家"咣"的一声就把自己关在房间里，除了吃饭的时候，基本都见不到人，但他和同学一聊就几个小时，他们在聊什么？你根本不知道。

在我的青春期家长班里，我曾经请家长们说说她们青春期的秘密，这些如今为人妻为人母的"曾经的青少年"，分享了她们小时候很多有趣的秘密，有的曾经每周都假借去美术班的名义去别的地方玩儿，从来没被发现；有的曾从同学那里找到医院的空白假条，模仿医生笔迹开假条逃学；有的谈恋爱一年了父母都不知道；还有一个妈妈告诉我们，她因为小考没有考好怕被父母骂，每张卷子都模仿妈妈签字，但临近开家长会的时候特别怕事情暴露，于是想去自杀；很多遭受校园暴力的孩子，首先想到的解决方式不是先告诉爸爸妈妈。

在美国硅谷有一份高中生办的杂志，取名为Alentheia，希腊语里就是"不被隐藏的真实"的意思，在这里孩子们可以谈论那些禁忌的、不能被公开谈论的话题，这些事情父母都不知道。比如有的孩子有抑郁症、焦虑症，但他们不会告诉父母，担心父母不能理解，怕父母伤心，他们有些甚至需要用自残来缓解焦虑；有的孩子面临巨大的学业压力，但只能独自承受，因为不愿意辜负父母的期望；还有的孩子偷偷玩游戏，经常等父母睡觉后就开始在房间或者客厅玩游戏。

换位思考一下，其实不难理解，有的时候孩子不和我们说是怕我们担心；有的时候是觉得不同频，说不到一块儿；也有的时候是因为害怕，怕遭到父母的责骂。家长经常认为孩子撒谎是一件不可饶恕的事情，但没注意到的是撒谎的背后其实是恐惧，每个人都渴望连接，而人是不可能和他们恐惧的人去连接的。

人遇到压力的时候最需要和人连接，青少年一般会选择向同伴倾诉，这里面包括那些素不相识的网友，因为他们不用担心遭到评判和谴责，不用担心让对方失望，但是这同时也让他们暴露在巨大的风险之下，因为青少年的大部分冒险行为都是和同伴一起完成的。

3. 我们之间无话可说

渐渐地，在很多家庭里，每个人都在自说自话，有的话说了很多遍了，有的话一出口就如同踩上地雷，几百遍不止了，明知没用，但还是忍不住要说。住在一个屋檐下的亲人，忽然不知道该对彼此说些什么了，他不能理解我，我也理解不了他，可谓话不投机半句多。

孩子一张口都是提要求，换手机，买新鞋，取消课外班，你实在不能理解，他们的脑袋里整天都在想些啥，为什么就没一点和学习有关的事儿呢。而孩子们认为家长一张口总是三句不离学习，即便聊其他话题也是为聊学习做铺垫。

我们对孩子的世界越来越看不懂，他们听的歌曲，追的剧，喜欢的明星都离我们很遥远，我们多年以来建立的价值观似乎彻底崩塌。有一个妈妈告诉我，孩子从初中开始经常通过给同学写作业挣钱，父母认为这是作弊，但孩子觉得凭本事挣钱理所应当；还有的妈妈信奉养生，看着孩子喝凉水、熬夜、吃垃圾食品，只能干着急却使不上劲儿；小学生之间就已经开始互称"老公""老婆"……这些都让家长觉得和孩子就不是一个星球上的人。

时代的变迁，家庭的变迁，让我们开始迷失，我们不知道对方需要什么，我们也不知道能给予什么。

不是每个家庭都要经历这些阶段，但我们总是能在这3个阶段里找到自己的影子，或者曾经有过，或者正在经历着。很多时候不是我们不想努力改善，而是不知道该怎么努力，有时候用力过猛反而结果更糟糕，这是因为我们用错力了。就像在网络不稳定的城市里，我喊的声音再大，说得再多，对方也听不见，同样，我听不见对方说话，不是他没说，而是我没听到，因为我们之间的网络断了，我们没有了连接。

连接是一个看不见的东西，但我们能够感知到它。每个爸爸妈妈都应该记得，当你把手指放到新生儿手里的一刹那，他的小手一下子紧紧握住你的手，很有力，那一刻是连接；当孩子看见你，挥舞着胳膊，冲着你笑时，那一刻是连接；当孩子不知什么原因在发着脾气，你一句话说到他心里，他一边流着眼泪一边点头，那一刻是连接；当两个人不需要刻意找话题，也不需要刻意回避哪些话题，哪怕仅仅是静静地坐着，那一刻是连接；很多时候仅仅四目相对，我们就能感知彼此，语言都是多余的；还有的时候，人们虽然不在一个空间，但仍然能感受到彼此的连接……在我们每个人的一生中，每个人都经历过无数连接的时刻，只是我们慢慢地忽视了它。

连接就是我懂你，你也懂我。

每日一小步

用"非语言"代替无效的语言

每当我们想和别人连接的时候，首选的方式都是语言，但语言的表述不一定就能清晰表明我们内心所想，我们的表情、说话方式、肢体语言传达出来的信息也许更为准确。

有一个家长曾告诉我，她因为得了喉炎，一个星期都不能说话，而这个星期是她的家庭最和睦的一周，孩子也格外自律。一些孩子处于青春期的家长告诉我，往往他们还没开口，孩子就已经不耐烦地说"知道了"。语言本来是用来表达思想、传递情感的，但很多时候它变成了伤人的武器，它被听者自动屏蔽。

所以我们可以开动脑筋想一想，假设我们不能说话，我们会如何和孩子和亲人沟通呢？

尝试一下"非语言"吧。

(1) 说无数遍"去刷牙！"

　　非语言：微笑，用手做刷牙状。

(2) 隔空大喊："吃饭啦！"

　　非语言：用夸张的手势比划吃饭，然后走到孩子面前，拉着他的手走到饭桌前。

(3) 送孩子上学，告别的时候说："听老师话。"

非语言：用手指向自己的心，做个飞吻。

(4) 孩子没考好回到家，很沮丧，家长说："谁让你最近不好好复习的。"

非语言：给孩子一个拥抱。

(5) 30分钟游戏时间结束了，不停地催促孩子关掉手机。

非语言：和孩子一起约定个时间，让孩子自己上闹钟，让闹钟提醒他。

记录下你今天用的"非语言"。

(1) _____

(2) _____

(3) _____ ▲

3.2

有了连接，爱才能流动

在我们从小受到的教育里，一提到母爱，总是和付出有关，母爱是不计回报的付出，是隐忍，是牺牲，牺牲越大母爱也越伟大。在物质匮乏的时代，付出意味着把家里的好吃的留给孩子们，付出意味着一晚上不睡觉为孩子缝制衣服。在这个时代，母爱的背后还是付出，它可能意味着排一个晚上的队为孩子报名上小学，它可能意味着守在电脑前等待零点第一个抢到课外班的名额，它可能意味着为了孩子能受到更好的教育选择漂洋过海、两地分居。

我们会不自觉地用"付出"来衡量爱，只要我付出了，我就是好妈妈,我没做好一定是我付出得不够,我们为自己错过的付出而后悔,我们还会为自己没有能力和别人付出得一样多而感到内疚。当我们放弃了很多自己的需要时,不自觉地必然会期待回报,我们期待的回报,不一定是孩子回报到我们自己身上的,我们期待的回报是孩子能够按照我们的意愿成长。但接下来问题就出现了,自己做了这么多,孩子好像不以为然,或者孩子没有按照我们预想的路径生长,我们感到很冤,会觉得白忙活了一场,失败感骤然升起。虽然很多时候我们会安慰自己——也许等他长大了就会理解的,但真的是这样吗?

提问　我们今天所做的一切,是为了将来孩子的一句理解吗?

从古至今关于爱的讨论太多了,到底什么是爱?我很认同《少有人走的路》的作者M·斯科特·派克的观点:爱首先是一种自我完善,不是单方面的牺牲,也不是单方面的索取,爱是既关注对方的需要,也关注自己的需要。当我们双方的需求都得到满足,当我们共同成长,连接就发生了,爱开始流动起来,夫妻之间如此,父母和子女也不例外。

1. 我的爱,你怎么感受不到

去年我的一个好朋友被查出患有肿瘤,需要做手术才能知道是良性还是恶性,我问是否需要去陪她,她说此刻她很脆弱,做手术的当天只希望老公陪伴在身边,因为这让她最放松,其他人在场都会让她不自在,于是我尊重了她的决定。她后来告诉我,她几次婉拒家里的亲戚,但亲戚们还是坚持在做手术的当天来到病房,给她带来很大的不便。亲戚牺牲了上班时间来陪伴,看似是一种付出,而对于病人来说,面对生死,她没有能力去顾及礼仪,她需要的是绝对的放松,所以此时一个人的付出对于另外一个人可能是打扰。

在我的个人成长课程里也经常遇到类似的话题,很多人抱怨老公的漠视,看不到自己每日为家庭的付出,琐碎而辛苦,而老公则认为自己为了家庭才需要在外忙碌,无暇顾家,最不想听到的就是唠叨和抱怨。在这里每个人都认为自己付出了，但对方都没有感受到满足。

很多妈妈会在孩子的饮食上花很多功夫，一顿早饭漂亮得不忍下口，可谓色香味俱佳。孩子开始还觉得很新鲜，但胡萝卜再好看吃进去还是萝卜味儿啊，于是嘴巴一闭，把头摇得跟拨浪鼓一样，孩子并没有因为我们几个小时的努力和付出而喜欢这顿饭。

这就好比我的中文说得再好，一个听不懂中文的美国人也不知道我在说啥，因为我们在说着不同的语言。

美国著名婚姻辅导专家盖瑞·查普曼博士写了一本500万册销量的畅销书《爱的五种语言》，在这本书里他把爱的语言归类为5种：肯定的言词，精心的时刻，礼物的接受，服务的行动，身体的接触。

我曾在我的课堂上分享这5种爱的语言来帮助学员了解自己和亲人，她们很受启发，我略加修改了一点点。

提问 我给的是不是他想要的——我们是如何表达爱的？

每个人表达爱的方式和小时候的经历有一定关系，我问过我的学员，请他们回忆儿时是如何向父母或者其他养育的人表达爱的，来看看她们的回答。

过去：我每个周末都去爷爷家，我都告诉他，他是全世界最帅的爷爷。——赞美

现在：我经常当着朋友的面夸老公有型，他很受用。

过去：我会和爸爸撒娇，让他单独带我去吃点心，不带姐姐。——特殊时光

现在：我小时候特别想独占爸爸的爱，所以现在我经常分别和老大、老二单独约定特殊时光，他们就不那么嫉妒了。

过去：每年生日我都给爸爸做一个特别的生日卡片。——礼物

现在：我每次出差都给孩子买一个当地的小礼物，但他好像没啥兴趣，只是想拽着我和他一起玩。

过去：我小的时候特别努力学习，因为我知道这能让妈妈高兴。——行动

现在：我每天花很多心思做饭，以为抓住老公的胃就能抓住他的心，但老公似乎对此不太感兴趣，他更希望我和他聊会儿天，而不是整天埋头厨房。

过去：每次爸爸回家我都会扑过去，让爸爸举高高。——身体接触

现在：我在公共场所和老公告别的时候经常会去亲他一下，但他好像觉得很难为情。

提问 他给的是不是我想要的——我们期待什么样的爱？

小的时候我们是如何感受父母和亲人的爱的，一些非常小的事情能让人记一辈子，比如下边这些。

过去：妈妈夸我擦桌子很干净。——赞美

现在：我带孩子一天很辛苦，老公下班回家我特别想听他夸我几句，但他觉得这没什么难的，还老是挑错。

过去：哥哥偷偷带我去邻居家的鱼塘捞鱼。——特殊时光

现在：每次老公翘班出来和我看电影，我都觉得特别幸福。

过去：爸爸每次出差都给我带大白兔奶糖。——礼物

现在：我特别期待每年能在各种节日收到老公的礼物，但他总是给我钱让我自己买，我觉得他是敷衍我。

过去：我写作业的时候，妈妈经常给我扇扇子，还帮我削铅笔。——行动

现在：老公每次开完我的车都会把油箱加满，我觉得他的心里有我，感觉特别甜蜜。

过去：爸爸下班一进门就来抱我，还用他的胡子扎我的脸。——身体接触

现在：无论和孩子发生多么大的冲突，只要他过来抱我，用小手给我擦眼泪，我的心一下子就融化了。

家人之间没有绝对的对错，我们没有和亲人成功连接，仅仅是因为你所欲，未必是他人所好，而他人的做法，也许你看不惯，但或许那是他的爱的表达，每个人都在以自己的方式爱着别人。

天天的爸爸经常给天天收拾书包，拿衣服，我一度认为这是对孩子的溺爱，我会担心天天因此不独立，虽然多次提醒都无效，但后来我发现这是他表达爱的方式，不仅对天天如此，对待我也是一样。比如有一次出差我忘记带电动牙刷的充电线，等我一到家他已经买好充电线，第一时间放到我出差的小包里；比如只要我提到一本感兴趣的书，第二天它就一定会躺在我的书桌上。这是他的爱的语言，我很受用，那凭什么天天不能享受一下独特的父爱呢，我观察了一下，天天和我在一起的时候很独立，自己的东西都能管理好，其实这就够了。

所以爱不是一个虚无缥缈的概念，不是一定要和牺牲、付出挂钩。如果真要谈付出的话，那是指我们愿意放下自己的偏执，用心体会对方的需要，是指我们愿意放下自己的骄傲，承认自己的需求，并且让对方知道。这些很可能不是我们的习惯，在我们的舒适圈之外，需要我们付出勇气去改变。而当我们和对方说着同样的爱的语言时，连接自然就发生了。

> **万能清单**
>
> ### 表达爱的万能清单
>
> **清单1**：我是怎么表达爱的？
>
> (1) 赞美
>
> _____
>
> (2) 特殊时光
>
> _____
>
> (3) 礼物
>
> _____
>
> (4) 行动
>
> _____

(5) 身体接触

_____

猜猜他喜欢哪个？这个他可以是孩子，也可以是配偶，也可以是你最在乎的那个人。

清单2：我期望什么样的爱？

(1) 赞美

_____

(2) 特殊时光

_____

(3) 礼物

_____

(4) 行动

_____

(5) 接触

_____

我要告诉他，这个他可以是孩子，也可以是配偶，也可以是你最在乎的那个人。

2. 连接，是我们与生俱来的能力

连接是我们每日生活所必需的，在一个连接状况良好的家庭里，冲突也会比较少，即便发生了冲突，人们也更容易和解，就像我们的手机每天要充电一样，每个家庭成员如果都能在家里把自己的能量充得满满的，那外面再大的风浪又有啥可怕呢。

很多人会说：特殊时光，我没有时间；礼物，我哪有那么多的钱；赞美，他哪里有什么地方让我夸啊。人们每日埋头于琐事，已经不会连接了。

其实连接没有那么复杂，也不需要什么成本，是我们与生俱来的能力。如果观察一下儿童，你会发现他们都是连接高手，孩子一无所有来到这个世界，连接是他们求生的本能，而我们只是需要重新找回曾经拥有的本能而已，在这个时候，孩子永远是我们最好的老师。

和自己连接，其实就是按下暂停键

每天早晨我送天天上校车，我心里想的只有一件事——时间，"还有5分钟，还有3分钟，千万别迟到！"而他从来不会仅仅为了走到而走到，地面上不同颜色的砖，会被他当作游戏里的迷宫路线，他时不时地还翻个跟头，踢几下足球，在早晨这短短的5分钟里，他随时都会和自己连接一下。每每看到这个场景，我会一下子感到放松，我曾经一定也是这样的孩子，但从什么时候开始变成了只顾每日埋头赶路的中年人了呢，我想儿童的复原能力之所以比我们强，一个重要原因就是他们无时无刻不在和自己连接。

所以我们要时不时地给自己按下暂停键，不需要很长时间，可能是1分钟，可能是10分钟，这是给自己的"油箱"加油。

冥想是一种和自己连接的方式，我在手机里下载了几个冥想的手机应用，在繁忙的一天找个时间让自己安静下来，仅仅5分钟或10分钟，大脑里的思路就一下子清晰起来。

写日记也是一种和自己连接的方式，记录一下今天的心情、感悟，鼓励一下自己。写日记也不用正襟危坐，随时拿出手机就可以写，甚至可以用语音转换成文字。

更多的时候和自己连接不用这么复杂，放下烦乱的思绪，找一面镜子，对着自己笑一下，你瞬间就会感觉到不同，从你身边的孩子的眼神里你也能感觉到，此刻的你，笑了吗？

连接的目的，仅仅是我和你在一起，没有其他。

有一个家长给我看她和老师之间的微信消息截屏如下。

老师:"你的孩子油盐不进,你们做家长的一定要管管啊!"

妈妈:"好的,我每天陪着、盯着、管着,但还是没用啊。"

我给的建议是:"想想你们有多久没连接了,盯着、管着看似你和孩子在一起,但那不是连接,你们可以一起散步,吃点好吃的或者仅仅开车带他兜兜风。"有个妈妈马上把这个方法当作法宝,但下一次她告诉我:"我和他每天晚上都出去散步,聊天的气氛特别好,所以我想这个时候可以谈谈学习了,但一说到学习我们就谈崩了。"唉,怪我没多说一句:"连接的目的仅仅是连接,没有其他。"她首先需要做的是连接,因为她家已经彻底"断网"了。

观察一下孩子,你会发现他们所做的很多事情没有什么很强的目的性,唯一的目的就是和这个世界连接,比如他们每天会和你拥抱、亲吻很多次,他们会时不时地来一句:"妈妈我爱你",他们会在地上捡起一个小树枝当作宝贝送给你,他们还会制造很多惊喜给你。

记得天天4岁多的时候,在一个周日的早晨,他来到我的房间说:"妈妈,你闭上眼睛跟我走。"于是我闭上眼睛,他拉着我的手,我跟着走,当我停下来的时候,感觉身上暖暖的,天天说:"可以睁开眼睛了。"我一看是在他房间的飘窗位置,清晨的阳光洒在我的身上,天天说:"妈妈你看,我给你带来了阳光,你感受到了吗?"我感受到了,他仅仅是想和我连接,没有任何其他的目的。

"连接"这样一个词,听起来有点虚,每当我不知道什么是连接的时候,我都会看看孩子们,我会去翻看一些过去的照片和日记,他们无数次地启发了我。看到这段文字的你,可以试着放下书,闭上眼睛,翻看过去点点滴滴的记忆,孩子都用了哪些方式和你连接,你感受到了吗?

连接可能不需要说一句话:

轻轻地拉一下孩子的手,抚摸一下他的头发。

每天清晨的一个亲吻,带给你和他一天的能量。

孩子讲着他的喜怒哀乐，静静地听着，要知道也许有一天你想听都听不到了呢。

连接可能只需要1分钟：

可以告诉孩子"我爱你"。

在餐桌上讲一个笑话。

看见他为你做的事情，哪怕很小，都去告诉他你的感谢。

连接大部分时候都是免费的：

写张小卡片放在他的书桌上，别忘了画上一个小桃心。

全家人一起看看过去的老照片和视频，满满的回忆，每个人的心都变得柔软了。

和他一起徒步，看看走5公里要多久。

每天都要给连接留出时间，哪怕1分钟也行，实在怕忘，可以给自己上个闹钟提醒，虽然这是我们与生俱来的能力，但用进废退，真的需要我们从点滴慢慢拾起来。

> 每日一小步

1分钟连接

(1) 观察一下孩子，他是如何和自己连接的？

例　孩子坐在车上，路上时间有点长，他有些无聊，于是他在车窗上哈气画了一个小笑脸，给他起了和自己一样的名字，然后和这个笑脸说话，哈气散了，笑脸消失了，他温柔地说了句再见。

(2) 观察一下孩子，他是如何和你连接的？

例　孩子在自己的房间读书，我在书房工作，他叫了一声"妈妈"，然后问："爱我吗？"我说："爱，非常爱。"

(3) 今天，你和孩子连接了吗？

我做了什么_____，我用了____秒钟/分钟。

例　今天我要去外地出差，我在孩子的书桌上留了一个便条，告诉他我爱他，我用了1分钟。

(4) 今天，你和TA连接了吗？

我做了什么_____，我用了____秒钟/分钟。

例　今天不是任何特殊的节日或者纪念日，但我仍然在微信里发了一个大大的心给他，我用了10秒。▲

3.3 在冲突中连接

经常有学员会突然发一长段话给我，有时没有一个表情符号，有时连标点符号都省了，但我隔着屏幕都能感觉到她家里的"硝烟"，我几乎都能脑补她家里每个人的表情，还有每个人心里的情绪，在这样的时刻，家人之间的连接岌岌可危。冲突本是人生的常态，在一个连接状态良好的家庭，冲突爆发的频率会低一点，但是完全没有冲突的家庭也是不存在的，而且正是冲突给了我们机会审视自己，了解对方，从某一个角度来看，冲突不是坏事，关键看你如何对待。

在我成长的家庭里，除了春节这几天，几乎每天都有很多冲突。我妈妈生性好强，在那个时代也不可能学习情绪管理，她下班经常是带着一团怒火走进家门的，这些怒火来自单位、来自路上和其他人的摩擦、来自每日上下班路上的辛苦，而我往往是第一个被殃及的对象。作为一个孩子，面临冲突我表现得呆若木鸡，瑟瑟发抖，没有任何思考和应对的能力，所以很多年来我一直非常惧怕情绪，惧怕身边人的情绪，也惧怕自己的情绪，在我眼里，情绪就像洪水猛兽，是来摧毁我们的。

这些年讲了很多课，几乎每一天都在听人们诉说他们生活里的冲突，每一天都在感受着人们各种各样的情绪，人们被别人的情绪吓得不知所措，人们因为自己的情绪而厌恶自己，很多人都问："我如何控制我的情绪"，上网一搜更是排山倒海的各种文章和书籍，帮助人们"控制情绪"，殊不知，当情绪像一头猛兽的时候，你越想控制它，它越要跑出来。

提问　情绪到底是什么？

科学家认为，当我们大脑里面的一个叫"杏仁核"的部位受到来自外界的刺激时，因此而激起的一系列反应就是情绪。心理学家花大量的时间给情绪分类，我家的书架上有一本关于情绪的词典，里面有150种情绪，每一种情绪背后都有渊源和典故，而作者说，情绪的种类实际上比这个数量大很多很多。

关于研究情绪能专门写一本书，第一我没有这个能力，第二对于普通的妈妈来说并不需要。对于我们来说，"情绪"就是一个名词，一个没有褒贬的中性名词，当我们不再给情绪贴上好坏的标签，我们就和情绪和解了，而且它能指引我们看见自己和别人，因为在冲突时刻，是情绪让我们找到连接的切入点。

神奇问题

1. 他的情绪密码是什么

情绪不是用来控制的，它是用来看见的。

——王霄

人与人发生冲突的时候往往口不择言，或者什么都不说，我们很难从对方的嘴里听到他真正的需要。不仅小婴儿不会用语言表达自己，即使是听说读写没有问题的成年人，也未必能用语言告诉对方自己的需要，于是人们被情绪左右，冲突也愈演愈烈。看似情绪是罪魁祸首，但恰恰是情绪，能够帮助我们解读对方语言背后的密码，帮助我们找到对方的需要。

个体心理学创始人阿德勒认为，人的所有行为都是被目的驱使的，而人类的终极目标有两个：寻找归属感和价值感。鲁道夫·德雷克斯（1897—1972）是阿德勒的学生，也是著名的心理学家，他发现人们在寻找归属感和价值感的过程中，有4种错误方式：寻求过度关注、权力之争、报复、自暴自弃。当别人用这样的方式寻求归属感和价值感时，我们就会产生很强烈的情绪，于是本能地做出反应，结果冲突越来越激烈。

正面管教联合创始人琳·洛特也是我的启蒙老师和忘年交，她发现我们针对对方行为所表现出来的情绪能够帮助我们识别对方的这4种错误方式，在讲了上百遍这个逻辑之后，我总结出一个更简单可行的方法来发现对方背后的需求，也就是我们的神奇问题：他的密码是什么？在这里你只需要在4类情绪中找到自己的情绪即可。

神奇问题：他的情绪密码是什么？

第一步：我的情绪是什么？

第二步：他的需要是什么？

第三步：知道了他的密码，我还有什么更好的办法？

(1) 我的情绪：烦

烦就像大热天穿着一件高领的羊毛毛衣，很扎很痒，还不能脱。

类似的情绪还有：恼怒、着急、愧疚。

例 你在打电话，孩子一会儿让你倒水，一会儿让你拿东西，其实这些事情他自己完全能做。

在"烦"的情绪之下,你会提醒、哄劝孩子,但发现孩子只能消停片刻,一会儿他还会继续打扰你,他仿佛在说:只有让你围着我团团转,我才能得到关注。

他的需要:

被认同、被欣赏、被关注。

他的密码信息:

看见我,让我和你一起做点什么。

了解到这一点,你就可以有很多方法了,比如:

方法 |

- 打电话前告诉他,妈妈要打5分钟的电话,当指针指到9妈妈就打完电话啦。
- 给他安排一个小任务,妈妈打电话的时候帮妈妈关好门,找一个靠垫。
- 让他和电话里的阿姨先说三句话。
- 给他一个飞吻。

(2) 我的情绪:怒

怒就像一团火球,像一个热气腾腾的蒸锅在冒气。

类似的情绪还有:受到了挑战、受到了威胁、被击败。

例 孩子不想去上课外班,你强迫他必须去,他要么哭闹要么去了也不好好听。

在"怒"的情绪之下,你会和对方叫板,看咱俩谁斗得过谁,但实在不行也只能败下阵来。殊不知这些做法只会让战争升级,他可能表面服软,但其实只是变成了消极抵抗。

他的需要:

权力和控制。

他的密码信息：

让我也能做主，让我也能有选择。

了解到这一点，是不是有很多方法啦，比如：

方法

- 停止叫板，从冲突中撤出。
- 请求孩子的帮助："我们在上课外班时遇到了困难，你愿意一起想想办法吗？"
- 提供更多的选择，比如不同的时间段、不同的老师，让孩子参与决策。
- 也可以和孩子寻找更适合他的课外班。
- 事先制订好惯例，让孩子清楚自己的时间安排。

(3) 我的情绪：受伤

受伤仿佛一把锋利的小刀在你身上划过。

类似的情绪还有：失望、难以置信、憎恶。

例　孩子说一些狠话给你，比如："我讨厌你！你是一个坏妈妈。"

很可能是你伤害他在先，然后他通过报复来找到公平，你在"受伤"的情绪中会想"你怎么能如此对我！"于是以牙还牙，但结果是他会变本加厉。

他的需要：

公平和公正。

他的密码信息：

我被不公平地对待了，请认同我的感受。

也许你们都在受伤的状态，可以先处理一下情绪，比如：

方法 |

- 我刚才拿你和姐姐比，你一定很受伤吧，对不起！
- 刚才你说我是一个坏妈妈，我真的很难过，因为我很爱你。
- 来，抱抱！

(4) 我的情绪：无助

无助的感觉，如同寒冷的房间，如同没有光亮的世界，只有一声叹息。

类似的情绪还有：绝望、无能为力、无望。

例　每次让老公看孩子，等你回到家时都是一片狼藉，老公玩手机，孩子看电视。

这样的"无助"由来已久，你尽力在帮孩子爸爸，甚至替他做很多，但都无效，有时你这里越是用力，他越是退缩，甚至放弃。

他的需要：

技能和能力。

他的密码信息：

太难了，让我一小步一小步来。

不是所有人都能做到十八般武艺样样精通的，但也不会是一无是处。

方法 |

- 给爸爸列出带娃难点，并给出详细步骤，包括示范。
- 给孩子爸爸列一个今天的带娃清单，但不要太长，3件事就好。
- 肯定爸爸的任何进步。
- 找到爸爸的长项，比如爸爸是拼图高手，可以让他带娃拼图。

看到这里，你会发现，那些我们惧怕的情绪，其实是黑暗中的一盏灯，能帮助我们看清楚对方的需要。

2. 让冲突降温的法宝是倾听

> 所谓了解，就是知道对方心灵最深的地方的痛处，痛在哪里。
>
> ——龙应台

冲突时刻，也是两个人断了连接的时刻，在情绪的驱动下，人们处于一种本能反应的状态：战斗或者逃跑。我们拼命地向对方喊话，拼命地想一决高下，实际上谁也听不进去对方的话，所以当务之急是让情绪降温。但有意无意中，我们的所为不仅没有让情绪降温，反而在别人的伤口上撒了把盐，比如，孩子刚买的心爱的玩具摔坏了，大哭，家长会说：

"不就一个玩具吗，妈妈再给你买一个！"

"我刚才就提醒你小心，看看，果然摔了吧！"

"一点小事，有什么好哭的！"

青春期的孩子抱怨老师的课讲得没劲，然后说明天不想上学了，家长会说：

"你怎么能这么想，人总会遇到各种各样的老师，这很正常啊！"

"肯定是你自己想偷懒，还拿老师做借口。"

"别让我再听见这句话！"

这些语言背后的潜台词都是："你不应该这样！"

这些话，我们不加思考脱口而出，而且觉得理所当然。我曾让我的学员换位思考一下，比如你不小心摔了一跤，你老公说："没什么大事儿，赶快走吧，这么大的人了，怎么连走路都不会啊。"大家的反应是听到这样的话觉得很郁闷、很心塞，觉得对方很冷血，简直就是在伤口上撒盐。

提问　我们为什么总是在别人的伤口上撒盐？

一个原因是在成长的过程中，我们反复被告知人不可以有情绪，"不许哭"是我们小时候经常听到的语言。不知有多少次，我们曾经因为自己的情绪而遭受惩罚，所以一看到情绪，人们就像一个消防员一样想马上把它扑灭，多年积累的各种评判都会从我们嘴巴里跳出来，比如"男孩子不可以哭""学生不能批评老师"，殊不知火没扑灭，反而让对方很受伤。

在此刻能让冲突降温的方法是倾听，因为倾听能让对方感到被理解，对方感同身受的时候也是连接发生的时候，但倾听是大部分人并不习惯的一种行为，很多人觉得特别难。

提问 那么如何倾听对方呢？

倾听第一步：事件——发生了什么？

我们经常在对方还没有说完话的时候，就根据自己的经验和思维定式下结论，比如孩子因为玩具摔坏了大哭，我们的反应是"自己不小心还哭啥""哭是脆弱的表现""他大哭一定是想博得眼球，没准想通过这个手段让我再给他买"。

倾听就是要放下一切预设和成见，把你的孩子当成别人家的孩子，充满好奇心地去了解发生的一切，比如：

方法

- 抱抱他。
- 拉着他的手。
- 和他在一个高度。
- 看着他的眼睛。
- "能和我说说吗？"
- "噢，是这样啊！"
- "我知道了。"

很多时候，当一个人能把事情说出来时，他的情绪就已经降温了不少，接下来可能就没我们什么事儿了。

倾听第二步：情绪——他的情绪是什么？

我们经常被孩子的语言吓着，比如孩子说"我再也不想上学了""我再也不弹钢琴了"，很多时候我们会顺着他的话回应，比如"还想不上学，没门儿！""弹琴是你自己选择的，怎么能随便放弃呢！"但这样无法连接，在这个时候听什么？听他的情绪。

说"我再也不想上学了"的孩子，他的情绪可能是<u>担心</u>，因为今天考试；也可能是疲惫，因为最近功课压力大；也可能是害怕，学校里有几个孩子欺负他。

说"我再也不想弹琴了"的孩子，他的情绪可能是<u>无助</u>，因为今天的曲子太难了；也可能是害怕，因为这个老师有点严厉哦；也可能是难受，今天玩球的时候手指受伤了。

通过倾听第一步，只有当你充分了解发生了什么的情况下，才可能找到他的情绪。

有的时候我们也可以和孩子一起去识别他的情绪，这对构建他的抗挫力非常重要，这也是我们能送给孩子的一笔财富。

天天是一个急脾气的孩子，每当事情不如他所愿的时候，或者有压力的时候，他的反应来得总是比较激烈。我还记得他3岁多刚上幼儿园的时候，每天下午去接他，他总是会因为各种事情崩溃得躺在地上，早晨入园的时候他还会因为那个家长走得太快碰着他，然后就倒地大哭；6岁学琴，每遇到新曲子，识谱太难时，他经常一句"我再也不弹琴了"。天天的表现对于我这么个惧怕情绪的人来说还真是个挑战，还好这些年来我总是会用各种办法教他识别情绪，比如：

方法

- 看代表情绪的一个个卡通图，让他找到自己的情绪。
- 帮他具象化情绪，是什么颜色？什么形状？有多大？
- 告诉他这个情绪的名字叫什么。

如今他9岁，虽然还是个急性子，但早已不是那个因为一点小事就会崩溃的孩子了，他遇到问题被情绪绑架的次数越来越少，有时候遇到困难还是会气呼呼地跑回房间，但往往没几分钟就跟没事儿人似的出来了。我后来问过他："为什么你以前遇到困难会生很大的气，现在不会？"他说："生气没用，反正都要做，生气还耽误时间。"哈哈，看来他已经学会给自己"刹车"了。有一次他一整个晚上都很焦躁，不停地发脾气，过了一会儿他告诉我："其实我着急的是另一件事，和这些都没有关系。"而我看到的是，他开始有觉察自己情绪的能力了。

倾听第三步：影响——影响是什么？

孩子和我们的人生优先级不同，所以很多事情在我们看来微不足道，但对孩子来说也许就是"灭顶之痛"。比如有的孩子在秩序敏感期，玩具的摆放稍微发生变化就会悲痛欲绝；比如大人一句很随意的玩笑会让孩子大发脾气；还有的时候孩子的一张看似什么内容都没有的画被我们当作废纸扔了，他会伤心半天……

理解一件事情对孩子的影响需要我们用心去感知，或者我们也可以问问孩子："能告诉我怎么了吗？"

当我们了解到发生了什么，找到了孩子的情绪，也就找到了这件事对他的影响，那么可以整合起来：

事件+情绪+影响

用语言告诉他，还记得开始的那两个例子吗？

孩子刚买的心爱的玩具摔坏了，大哭。

"你心爱的玩具摔坏了，一定很难过，今天东东找你玩的时候你就不能和他玩新玩具了。"

青春期的孩子抱怨老师的课讲得没劲，然后说明天不想上学了。

"这个老师总是留很多作业，还经常拖堂，有的内容讲很长时间，有的内容都没怎么讲就过去了，你会觉得力不从心，很有压力，担心这次考试考不好。"

从小到大，很少有哪个成年人会对我们这样说话，所以对于很多人来说这简直就像外语，说外语的过程会觉得不自然。你说得别扭，对方听着也会觉得假，我每次讲完这个方法，家长练习之后总是会有一些疑惑：

① "我还不爽呢，还要认同你的感受？"

受不了孩子哭其实是因为自己，和孩子无关。也许在你的内心有一个小小孩曾经因为哭被训斥，那个小小孩长大了，玩具对他已经毫无吸引力，但曾经被压抑的感受仍然躲在那里，经常出来作怪。如果不想你的孩子也和你一样，请善待他的感受。

我们也不必强颜欢笑，看到孩子拿着一个毛毛虫回来，他很兴奋，你很害怕，可以诚实地告诉孩子你的感受："说实在的，我被毛毛虫吓了一大跳呢！"以身作则，你让孩子看到我们可以表达自己的感受。

② "我要认同你的感受你还不哭个没完？"

情绪不会是永久存在的，孩子的情绪在得到认同后会彻底释放，他们不会像上了发条的娃娃一样哭个没完，孩子的复原能力比我们快很多。

认同感受让你和孩子之间建立连接，这样他只专注处理自己的感受即可，不必还要处理来自父母的"雪上加霜"，因为无论安慰、建议、帮忙、分析、批评，其实都是一种拒绝。

认同感受是孩子心理健康发育的重要部分，当所有的情绪都得到妥善处理，这样就不会在心里埋下一个又一个地雷。

③ "认同完感受，怎么办？"

可以什么都不做。

家长们真是恨不得把自己几十年的人生经验一股脑儿地输入到孩子的"大脑芯片"中，但你的孩子其实比你想象中的有办法得多，只要你给他机会，认同他的感受就足以让他回到理性脑的状态。

让孩子学会独立思考，在我们不在场的时候能够处理问题，解决问题，这难道不是我们所有家长一直期盼的吗？

我们还可以猜一猜对方的需要或者愿望，然后说出来，比如：

"你一定希望这个玩具要是没有摔坏多好。"

"你真的希望这次考试能顺利过关，对吗？"

"能告诉我你的愿望吗？"

④ "难道任由孩子为所欲为？"

情绪没有对错，但行为有对错。

人可以生气、嫉妒、愤怒、失望、烦躁，但不可以打人、骂人，对孩子来说如此，对大人也是如此。

在孩子平静下来，你也平静下来的时候，可以和他一起讨论下次遇到这种情况时可以怎么做。

父母要做的是在旁边默默地注视，随时准备在他需要的时候张开怀抱，接纳他的感受，我想这是孩子最需要的。

每日一小步

倾听三步骤

倾听需要练习，其实可以从开心的事情练起，比如孩子兴奋地告诉你今天在学校发生的事情，他交了一个新朋友，比如孩子最喜欢的球队赢得了比赛……

开心时刻的倾听

倾听第一步：事件——发生了什么？

倾听第二步：情绪——他的情绪是什么？

倾听第三步：影响——这件事的影响是什么？

例句：第一天上学，你就交了一个新朋友，你一定特别开心，这样就有人和你一起踢球啦！

冲突时刻的倾听

倾听第一步：事件——发生了什么？

倾听第二步：情绪——他的情绪是什么？

倾听第三步：影响——这件事的影响是什么？

例句：刚才爸爸和你一起给我们表演变魔术，他不小心露馅儿了，你觉得很沮丧，因为露馅儿了你就不能给我们一个惊喜了！▲

3. 我怎么老是控制不了情绪

> 假设有一台摄像机能拍下来我们的内心所想，有勇气去看回放，这就是情绪诚实。
>
> ——王霄

很多人会说，好吧，我要去理解对方，我要去倾听，但是我也不是个圣人啊，我也有自己的情绪，很多时候他们是真的冒犯了我，我不能总是忍着吧。

我们需要被理解，需要连接，但我们很少会告诉对方我们需要什么，我们的话语就像呲呲冒着的热气，只会让身边的人躲得远远的。

例1 孩子玩游戏的声音很吵，干扰到你打电话。

"吵死了，快给我关了！"

"跟你说了多少遍了，一点眼力见儿都没有。"

"是你游戏重要，还是我电话重要啊。"

例2　孩子经常对你用一些难听的词比如："烦人鬼""笨蛋"。

"不许这么说话！"

"有你这么和大人说话的吗？"

"太没教养了！"

我们传递的信息是："你不好，你有错！"

可以脑补一下，当你这么说话的时候，对方的心里一定有下一句在等着，我们的语言除了把对方的防御机制激发起来，其实作用不大。小孩子因为惧怕家长可能会立刻停止，但他其实不知道为什么，也不知道该怎么做，而大一点的孩子呢，这些年也都听多了，没有什么触动，至于老公，估计转脸就忘了。

我们说的这些话大部分是父母对我们说过的话的翻版，每当人们不开心，就总是要找一个迁怒的对象，而这个对象经常是孩子；每当人们有情绪，就会立刻启动防御机制，战斗或者逃跑。这些语言就像是我们的弹药，发射弹药的时候以为自己很强大，但其实这样做掩盖了真正的自己。

两年前的十一长假，我婆婆过来和我们一起生活了两个星期，这是她第一次住在我们家里。天天放学回家，看到奶奶用哈密瓜喂鱼，一下子跳起来了，对着奶奶大喊："奶奶，你要把我的鱼喂死了！"养鱼一直是我们家的老大难，在水族市场里活蹦乱跳的鱼儿，一来到我们家，不管怎么精心呵护，没几天就死翘翘了，喂哈密瓜更是我们想都不敢想的事。我婆婆看到一个小屁孩儿对着她嚷嚷，立刻也急了，捶胸顿足，连晚饭都不吃了。天天爸过两天还要出差，我想起要独自面对这一老一小头都大了，于是我和天天爸说："你出差的时候可以让奶奶住到你弟家里。"没想到这样一个建议遭到天天爸强烈的反对。后来我领悟到他作为一个长子，一直扮演着大家长的角色，把老妈推到弟弟家里有悖他的形象。我当时并不理解，觉得自己的建议很合理，于是我们在微信上你一句我一句，都在试图说服对方，但最后谁也没有说服谁，冲突却不断升级，我想他大概觉得我不懂事，而我也觉得自己很委屈。于是我问了自己 3 个问题：

(1) 发生了什么？

我婆婆有可能长期和我们生活在一起，我不知道如何和她相处。

(2) 我的情绪是什么？

担心。

(3) 这件事对我的影响是什么？

这样的冲突可能还会有很多，它会影响我和老公之间的感情。

我把这些告诉老公，顺便发去了一个眼泪的表情包，我们之间的连接一下子发生了，因为他的想法其实和我一样。后来他出差了，我婆婆还是继续住在我的家里，我们都没有在意谁输谁赢，我们都想兼顾责任和亲密关系，在这点上我们的目标是一致的。两年后的今天我婆婆住在我们对门，一碗汤的距离，但又不在一个屋檐下。

每个人都有脆弱的一面，我们会不自觉地掩盖自己内心深处真实的想法和情感，但我们也有自己的需求，我们也有担心、害怕、退缩、无助，而恰恰是这些脆弱让我们成为鲜活的生命，也正是这些脆弱让我们有了温度，让别人都能够靠近我们。

有别于发泄自己的情绪，表达自己可以顺着以下的步骤来慢慢梳理。

表达三步骤

表达第一步：事件——发生了什么？

坦诚地问自己：到底发生了什么让我如此难受，很多时候我们说出来的原因并不是真正的原因，就好比表面上我是在和老公争论婆婆是否可以在他弟弟家住两天，但真正困扰我的是她也许会长期和我们同住在一个屋檐下。很多时候我们怕说出自己真实的想法，怕让别人看到真实的自己，怕引发别人的评判，殊不知这只会让对方也觉得匪夷所思，不能理解问题根源所在，而如果和亲人之间还要装着、端着，我们如何能做到真正意义上的亲密呢。

当我们找到真正困扰我们的问题，试着不带评判地把它描述出来，很多时候人们喜欢夸大其词，比如"我都和你说了八百遍了，你从来就是只顾自己"，还有的时候人们只是在抱怨，比如"我真是倒了八辈子霉了，有你这么个儿子。"描述事实仅仅是把发生了什么客观地还原出来。

例1 孩子玩游戏的声音很吵，干扰到你打电话。

刚才我正在和李阿姨讨论一件重要的事情，你玩游戏的声音很大。 √

你这孩子怎么那么烦人呢，吵死了。 ×

例2 孩子经常对你用一些难听的词，比如："烦人鬼""笨蛋"。

你经常对我说："烦人鬼""笨蛋"，有的时候还当着其他人的面。 √

你跟谁说话呢，没教养！ ×

表达第二步：情绪——我的情绪是什么？

很多人都会说"我很生气"，其实生气只是一个表象的情绪，有时候我们需要一点点勇气，来面对生气下面真正的情绪，可以说"生气"是一个需要尽量少用的情绪名词，因为它听上去更像指责。

提问 我告诉他我的情绪是为什么？

是为了吓唬他？还是让他了解我、看见我？如果你是在用自己的情绪吓唬对方，那就是一种情绪绑架，尤其是对于儿童。他们的安全感完全来自父母，所以父母生气对他们来说可能是灭顶之灾，他停止自己的行为可能仅仅是出于恐惧和取悦。

例1 孩子玩游戏的声音很吵，干扰到你打电话。

我的情绪：费劲、着急。

例2 孩子经常对你说一些难听的话比如："烦人鬼""笨蛋"。

我的情绪：受伤、尴尬。

表达第三步：影响——这件事有什么影响？

婴儿刚出生的时候是把自己当作宇宙的中心的，他分不清自己和这个外部世界的区别，他根据自己的需要看待世界，也不会从别人的角度看问题。换位思考、体谅他人是一个认知慢慢发展的过程，即便是十几岁的青少年，乃至成年人，也经常不能意识到自己的行为对别人的影响，所以需要我们去告诉孩子。

例1 孩子玩游戏的声音很吵，干扰到你打电话。

影响：我听不清李阿姨说话，她也听不清我说话。

例2 孩子经常对你说一些难听的话比如："烦人鬼""笨蛋"。

影响：我会觉得你不爱我，我没有受到尊重。

也许在激烈的情绪下，我们没有能力重新组织自己的语言，但可以先按下暂停键，问自己这三个问题；或者即便我们实在没忍住口不择言，也可以等冷静下来再去告诉对方自己的真实感受；还有的时候可以通过文字表达自己，因为我们在书写的时候会更加容易真实地面对自己，可以把上面的三步骤整合起来：

事件 + 情绪 + 影响

例1 孩子玩游戏的声音很吵，干扰到你打电话。

刚才我正在和李阿姨讨论一件重要的事情，你玩游戏的声音很大，我觉得很费劲，也很着急，因为我听不清李阿姨说话，估计她也听不清我说话。

例2 孩子经常对你说一些难听的话，比如："烦人鬼""笨蛋"。

你对我说："烦人鬼""笨蛋"，有的时候还当着其他人的面，我觉得很受伤，我会觉得你不爱我，我没有受到尊重。

诚实地表达了自己的感受，我们彼此就处于连接的状态，也许这时候还可以说说自己的愿望和建议，比如：

"我们一起来看看音量多大不会影响别人?"

"我们是否可以找到一些词,代替'烦人鬼'和'笨蛋'。"

"我们是否可以约定一下提醒的暗号?"

了解了倾听三步骤,也了解了表达三步骤,接下来的问题是:

提问 我什么时候应该倾听对方?我什么时候应该表达自己?

这里面有一个很简单的判断标准,当对方有情绪时,我们去倾听,当我们自己有情绪时,可以尝试表达。

妈妈小故事

一个妈妈带着两岁多的孩子坐飞机,小朋友带来一个小猪的毛绒玩具,过安检的时候怎么都不让小猪过安检,但无奈胳膊拗不过大腿,小猪过了安检,孩子一直哭到登机口,最后爸爸大吼一声才停止。

第一,小朋友有情绪,家长可以尝试倾听三步骤。

第一步:事件——发生了什么?

安检叔叔要让小猪过那个黑黑的安检通道。

第二步:情绪——他的情绪是什么?

害怕、担心。

第三步:影响——影响是什么?

有可能小猪被拿走了就不给他了,有可能小猪会害怕。

事件+情绪+影响

串起来可以这么说:

安检叔叔要让小猪过那个黑黑的通道,你一定很害怕也很担心,你担心他们把小猪拿走了就不给你了,你怕小猪进了那个通道会害怕。

第二，爸爸有情绪，妈妈也可以尝试倾听三步骤。

第一步：事件——发生了什么？

宝宝刚才不让小猪过安检，还大哭。

第二步：情绪——他的情绪是什么？

烦、尴尬。

第三步：影响——影响是什么？

耽误后面的旅客安检、登机，别人会觉得我们不会教育孩子。

事件+情绪+影响

串起来可以这么说：

宝宝刚才不让小猪过安检，还大哭，你肯定挺心烦的，也挺尴尬的，因为这会耽误后面的旅客，耽误登机，而且别人会觉得我们不会教育孩子。

第三，妈妈看见爸爸当着这么多人的面吼孩子，也有情绪啊，可以试试表达三步骤。

第一步：事件——发生了什么？

刚才你当着别人的面子大声地吼孩子。

第二步：情绪——我的情绪是什么？

担心、焦虑。

第三步：影响——有什么影响？

孩子被爸爸吓着了。

也许一会儿坐飞机都不踏实。

别人会觉得我们太凶了。

事件+情绪+影响

串起来可以这么说：

刚才你当着这么多人的面大声地吼孩子，我挺担心的，也挺焦虑的，担心孩子被你吓着，一会儿还要坐飞机，怕他一路上都不踏实，另外周围人会不会觉得我们太凶了。

> 每日一小步

表达三步骤

表达自己需要练习，可以从开心的事情开始，比如当你打电话的时候，孩子主动把游戏音量调小了，我们可以表达感谢。

开心时刻的表达

第一步　事件——发生了什么？

第二步　情绪——我的情绪是什么？

第三步　影响——影响是什么？

例句：刚才我的电话铃一响，你就把游戏静音了，我这个电话打得特别轻松，这个电话是一个重要客户打来的，我等了好几天了，今天终于把事情谈成了。

冲突时刻的表达

第一步　事件——发生了什么？

第二步　情绪——我的情绪是什么？

第三步　影响——影响是什么？

例句：今天你和同学在我的床上吃零食，我回来发现到处都是零食渣子，我收拾了好长时间，特别累也有点烦。▲

3.4 当连接断了的时候

刚刚大学毕业的时候，我被分配到一家研究所工作，那里到处都是聪明人，他们毕业于名校，不是硕士就是博士，大家似乎都在兴致勃勃地埋头科研，单纯得看不出任何烦恼。有一天早晨我去上班，赫然看到办公楼下我的一个同事躺在血泊中，她16岁上北大，毕业后在这里读研究生，也就20岁出头，几天前我们还在一起聊天，她还问我怎么织毛衣，大家都不知道她为什么会选择放弃自己的生命。有人猜测是因为导师要求极严，论文老是不能过关，但其实没有人知道在那个夜晚到底是什么推动她从窗户跳下去的。今天回头来看，我只是知道在那个时刻，她的所有连接都断了，和自己的连接，和亲人的连接，还有和这个世界的连接。

我们每个人或多或少都有这样的时刻，感觉被全世界都抛弃了，这个时候，你最希望的是有一双大手拉住你，不评判你的美与丑，不评判你是聪明还是笨，不评判你的成功与失败。幸运的是，如果你能看到这段文字，说明你至少没有被世界抛弃，并且你的孩子还没有被你抛弃。

我经常遇到超级焦虑的家长，诉说着孩子所犯的种种不可饶恕的错误，撒谎、离家出走、辍学，我在想，如果亲子关系是一纸合同的话，他们都曾动过撕毁合同断绝关系的念头。

1. 犯错的孩子，最需要你的连接

前几天一个家长发微信给我说孩子总是拿同学的东西，包括铅笔、橡

皮、卷笔刀。孩子不承认是拿，他说是和同学交换，但接到老师投诉和同学家长的投诉后，这个家长就愤怒了，她让孩子送还，但孩子没有做到，她气得差点动手，因为在她看来这是一个非常严重的错误。

我问了她我们第1章的神奇问题：

我："你想搞定他还是帮助他？"

她："我确实在搞定他，没搞定，但其实我想帮助他。"

我："你需要走进他的内心世界，倾听他，问问到底发生了什么？也许真是交换，也许是未经同意拿了同学的东西，无论是什么原因，他需要修正自己所犯的错误，在这点上他需要你的帮助，需要你给他勇气。他也许需要你把文具放在一个袋子还给同学，也许需要你陪着他还给同学，总之有很多办法，但是如果你一定要给他贴上一个'小偷'的标签，也许他真的就把自己当坏孩子了。"

在孩子犯小错的时候，我们还来得及去和他连接，这样，你可以阻止更大的错误。

有的时候，我们没有那么幸运，没能在孩子犯小错的时候及时地帮助他们。有的家长来上课的时候，已经几个月没见过孩子了，孩子躲出去不见父母，父母只能把生活费通过门缝塞进孩子的住处。我在想，到底是什么样的深仇大恨让孩子如此远离自己最亲的人。还有的家长来上课的时候，孩子已经退学半年，孩子和这个世界已经断了连接。我的朋友燕玲老师应英德检察院的邀请，去给几个家庭做亲子辅导，有一半的家庭超过6年没有和孩子有过一次拥抱，孩子最想听到父母说的话是"孩子，回家吃饭，爸爸在等你"。我听了以后很受触动，这样的家庭早已"失联"多年。

在孩子犯了大错的时候，更要去连接他，因为在这个世界上我们几乎是他唯一的连接，但连接需要的时间比我们想象的长很多。

当痛苦太痛的时候，我们都希望睡一觉就能过去，但在现实中是不可能的。孩子十几年积累的问题，不是一天两天就能修正的，尤其是当孩子不再信任我们，你一往情深地想去连接，他的回应可能是无动于衷。我曾经给家长打过一个比喻，在这个时候，你和孩子之间有一个门，这个门是冰做的，要想融化需要耐心，这对我们来说是一种修炼。

> **妈妈小故事**

一个妈妈来到我的课堂，她的孩子在初中之前一直是北京一所重点小学的学霸，她和儿子曾经无话不谈，但因为她没有处理好儿子恋爱的问题，母子之间的连接彻底断了，孩子成绩也一落千丈，她来上课的时候，孩子已经半年没有上学了。这个妈妈虽然很着急，但她知道当务之急是重建连接，而不是简单地强迫孩子复课。七周的家长课程上到一多半，她说要请假，他们一家三口开始了长达一个月的自驾游，开始孩子并不怎么参与，经常是爸妈去看油菜花，儿子在房间睡大觉。后来妈妈想着不行啊，一定要想办法让孩子参与。在杭州西湖，儿子问妈妈："你能绕着西湖走一圈吗？"西湖走一圈10公里啊，对于多年没有锻炼的妈妈来说其实是不小的挑战，但她知道这是和儿子建立连接的难得的机会，他们走了将近两个小时。也许你会好奇是不是西湖之行就让孩子复课了，当然不是，他们用了两年的时间才建立起连接，孩子后来回到学校参加复读参加高考，上大学之后得到了老师很高的评价。我本来希望这个妈妈能写一段他们的故事，但是她觉得儿子还没有走上自己心目中的正轨。其实人生哪里有最终的正轨，只要我们开始恢复和世界的连接，一切皆有可能。

2. 犯错的孩子，最需要和世界连接

在这里我讲一个妈妈小故事，只不过故事的主角是我和我的女儿。

我的女儿在中学最后一年实在念不下去了，只能退学，我见过很多家长，大家最怕的就是这一天的到来，而这就发生在我的家里。说起她从小到大的求学道路，一直不是十分顺利，小学因为碰巧住在北京一个非常好的学区，于是就进了一所"牛"小学。从上学第一天起，我就经常接到老师的投诉电话，她写作业太慢，丢三落四，也不怎么说话，她是一个喜欢

做白日梦、思维天马行空的孩子，和学校严谨的节奏总是不合拍。而我也不懂怎么养育她，所以基本是散养，等我开始研究家庭教育的时候，她已经16岁了。

她的青春期反应来得特别猛烈，她很情绪化，对于不喜欢的功课经常不交作业，而学校的戏剧表演她不辞辛苦演了一遍又一遍，但生物、数学几乎不及格。经过了一次又一次的尝试，面对了一次又一次的失败，最后她实在无法承受学校带来的压力，提出退学。我很清楚地记得她说的话："我一走进学校，就好像有一团黑云压得我喘不过气。"我知道继续上下去她可能就要出心理问题了。

坦率地说，我当时充满了自责，我责怪自己为什么没有在她刚刚进入小学的时候多帮助她，我也为自己身为讲师而无法解决自己孩子的问题感到羞愧，如果真有起跑线一说，我比大家晚了16年。

就像我在第1章所讲，拿着一手烂牌，你仍然有选择，只不过你的道路会更为艰难；在第2章里我们讲到接纳，什么是接纳，接纳就是不要自欺欺人，接纳眼前的现实，也接纳自己和孩子的不完美，在这个时候，别人怎么看我，别人怎么看我的女儿是最次要的。

如果说我至少做了一件正确的事，那就是这16年来我一直不忘和她的连接，在她青春期最猛烈的时候，每个周六的下午都是我俩的特殊时光，我会开车带她出去，我们就像两个闺蜜一样看看电影，去她喜欢的餐馆吃饭；在她12岁生日的时候我写了一封信给她，快10年了她还一直珍藏；我和她分享我的人生感悟，我喜欢健身、健康饮食，喜欢整理。虽然看似当时我对她没有任何影响，但她现在22岁，是一个比我自律好几倍的健身达人。

当然，所有的连接并没有阻止她的退学。

青春期的孩子在探索自己，探索世界，当他们和世界的连接断了的时候，是非常脆弱的。女儿在家吃了睡，睡了吃，整整两个月。有一天她说想去纽约学电影，那是一个4个星期的工作坊，作为一个成年人，我们知道年轻人的梦想可能是心血来潮的,可能是不靠谱的,但对于她来说,这个梦想是她和这个世界连接的唯一窗口。

她不到18岁只身一人去了纽约,我的一些朋友们很诧异地问我:"你怎么放心让她去?"我说:"她不喜欢做的事情,我们逼着她做,她好不容易有一件喜欢的事情,我们如果还去阻止的话,那就是把她逼上绝路了。"

她去了纽约,经历了很多磨难,后来又去波士顿游学4个月,这对她的人生是一个巨大的改变,在后面的章节中我还会继续讲她的故事。我在这里想说的是,无论我们从哪里起步,总是要往前走,回头看都无济于事。我特别认同个体心理学家鼻祖阿德勒的观点,**人最根本的需求是归属感和价值感,归属感来自我们和孩子的连接,价值感来自他们和世界的连接。**

3.5 连接的目的是什么

例1　王老师,班级一个同学过生日,请了很多孩子,但是没有邀请我女儿,她回到家很不开心,我用了倾听三步骤:

××过生日,请了很多同学,但没有邀请你,你一定很失落和伤心吧,你也担心班里同学都会孤立你。

但我说完了不管用,她哭得更伤心了,而且把我赶了出来。

例2　王老师,我一个人带两个孩子很辛苦,特别希望老公能搭把手，但他回到家就是看手机，我用了表达三步骤：

老公，大宝刚上一年级，还不太适应，我需要花很多时间陪她，二宝最近又生病，我一个人忙不过来，觉得好累也很抓狂，我担心这样下去我也很难控制住自己的情绪，我真的需要你的帮助。

但是这个方法只是管用了几天，过一段时间老公又回到老样子。

提问 你们说的管用是什么意思？是不是意味着我说完了你就得听我的？

她们往往点头嘿嘿一笑，我接着问：

提问 倾听感受和表达感受的目的是操控对方吗？

倾听感受是为了了解真实的别人，表达感受是为了让对方了解真实的我们，目的仅仅是连接，不是操纵，是用心感知，不是只用脑思考。

案例

提问 我如何和她连接？

用心感知一下，一个孩子，学校里同学之间的关系影响着她每日的生活，慢慢可能都超出家庭里的关系。孩子们有的被邀请，有的没被邀请，在一段时间里大家会谈论生日会，所以这件事情带来的困扰不会马上消失，她的情绪就是她的情绪，不是用来配合完成我们练习倾听三步骤的作业的。

如果我们的目的仅仅是连接，方法有很多：

方法

- 抱抱孩子，什么都不说。
- 告诉孩子：也许你想自己待会儿，想找我聊随时都可以。
- 也可以和孩子分享自己的经历。

- 或者一起吃点甜点，看个电影。

人在有情绪的时候是很难有什么好办法的，当孩子平静下来的时候，可以和她聊聊这个同学，聊一聊这个同学都是根据什么来邀请同学的，然后和孩子一起想想有什么办法来面对这件事情。

案例

提问　我如何和他连接？

孩子占据了生活的全部，所以夫妻两人的连接越来越少，或者说它的优先级变得很低，那么我们就需要开动脑筋来恢复和建立这种连接，说走就走两个人来一场旅行显然不现实，但仍然可以有很多方法来建立这种连接。

方法｜

- 肢体语言比如拥抱、亲吻。
- 发个幽默的小表情给对方。
- 孩子们上学了，可以和老公约会一下哦。
- 夸一夸，比如有几次老公带孩子玩得很好，可以及时给予赞美。

夫妻不是谈判桌上的对手，不必正襟危坐一脸严肃，轻松地互相调侃，撒个娇可能都比生硬的语言更容易建立连接，当你们变成好队友，其实办法总是不缺的。

第4章

我是自己的主人
——改变

4.1 改变的迷思

> 面对无法回头的人生,我们只能做三件事:郑重地选择,争取不留下遗憾;如果遗憾了,就理智地面对它,然后争取改变;假若也不能改变,就勇敢地接受,不要后悔,继续朝前走。
>
> ——苏格拉底

在我开始写这一章的时候,是2017年12月28日,我们一家三口坐在飞往美国的飞机上。

这次去美国是带儿子天天去学校面试的,我做了好几个月的功课,挑选出适合他的5所学校,完成文书,准备材料,我在去年还曾专程飞去参加家长面试。万事俱备,只欠东风,这次访校面试就是整个申请环节的最后一步了,但我有一种隐隐的感觉,准备得再充足,总会有什么不可抗力发生,我甚至想到恐怖袭击,因为美国去年发生了好几起。

我们在美国落地,住进了首都华盛顿的一家酒店,很古老,不奢华,非常有韵味,酒店大堂很小,有一个壁炉,这也是我第一次见到用木头烧的真正的壁炉。女儿也从洛杉矶飞来和我们相聚,2018年新年的第一天,我们一家四口坐在温暖的壁炉旁,感恩一切的安逸美好,我在想,看来是我多虑了。

几天后我们坐飞机去波士顿参加学校面试,在到达后的第二天,暴风雪来了,波士顿的气温降到了百年来最低,齐膝深的大雪,加上五六级的风,体感温度在零下28℃左右,学校停课,面试取消。这意味着我们不远万里来到这里的努力都泡汤了,又因为后面还有其他学校的面试,回国的机票也都已经订好,每一个安排在时间上都是严丝合缝的,任何一个环节出问题都无法弥补。哦,原来世界上真有不可抗力啊!

窗外大雪纷飞,这是我这辈子见过的最大的雪了,天天在北京长大,哪里见过这样的大雪,他在雪地里撒欢儿,开心得不得了。而我坐在沙发上一筹莫展,如果不是因为此行的目标实现受到影响,赏雪其实也不失为一种乐趣呢。

我在想:面对瞬息万变的世界,有哪些东西我们无力改变?有哪些东西我们能掌控?有哪些东西我们希望永远保留?面对变化我们能做什么?

如果说我们是自己命运的主人,那为什么我们屡屡被自己打败,改变自己身上哪怕一点小小的毛病都那么难?

如果说孩子是一张白纸,但为什么我们无法任意挥洒,涂抹上我们喜欢的色彩?

1. 我怎么总是无法改变

我的家长课一般是6周时间,每周3个小时,这样学员能有时间去实践所学的方法,遇到问题下次上课还能得到解答。第一周我听到的最多的反馈是:"原来需要改变的是我啊!"最后一周结课的时候,大家的反馈特别令人鼓舞,有的人发现自己改变了,不仅孩子变了,连夫妻关系都发生了变化。

当学员遍天下的时候,我开始经常偶遇她们,有时候是在马路上,有时候是在孩子课外班家长休息室里,还有一次,我在距北京千里之外的广州野生动物园偶遇了我的学员。多日不见大家除了问候之外,几乎每个家长都会说:"王老师,我觉得我又打回原形了!我昨天还冲孩子吼了。"还有的家长见到我会说:"老师,我的药劲儿过了,我要去您那里吃药。"记得有一个班级毕业合影的时候，家长们很有创意地买来两种T恤，她们穿"有病"，我穿"有药"，而我多么希望我真有灵丹妙药，让大家能脱胎换骨，不再反复。

在我的个人成长课程里，很多学员都提到曾经多次减肥，他们往往最开始兴致勃勃，又是节食又是锻炼，但没过一礼拜就发现，他们对不健康食物的渴望有增无减。有一个学员说她经常独自坐着，脑补一切美食的画面，从购买到烹饪，到最后吃进肚子，如果此刻路过超市，她就会把那些戒掉的零食全部收入囊中。一念之差，导致前功尽弃。

很多全职妈妈都希望在照顾孩子的同时还能继续学习，她们制订了从早到晚的严格的作息计划，想趁着孩子白天上学的时候"充电"，学英语、写公众号文章、考证书。往往开始时进行得很完美，但计划总是赶不上变化，总会有一些突如其来的事情发生，比如孩子生病，好几天不能上学。一次计划被打乱，接下来就再也拾不起来，然后陷入深深的自责中。

我们发现，固有的习惯非常顽固，而新的习惯无比脆弱。

而学习做家长和减肥、学英语不同的是，它还有一个重要的因素是孩子，我们不是导演，孩子也不是剧本里任我们摆布的角色，很多家长发现，"我改了，你怎么还不改？你昨天不是改了吗，怎么今天又回去了？"

2. 孩子怎么老是不改

每个家长来上课，都是奔着改变孩子的想法来的，有觉得孩子不乖的，还有觉得孩子太乖的；有嫌孩子吃得太少的，也有嫌孩子吃得太多的；有嫌孩子不爱说话的，还有嫌孩子太爱说话的；有嫌孩子不爱读书的，也有嫌孩子太爱读书的；有嫌孩子不像自己的，也有嫌孩子太像自己的。总之随着孩子年龄的增长，家长的满意度在不断降低。

不知是哪个先知用一张白纸来比喻孩子，其实我们发现初生的婴儿已然不是一张白纸，有的吃了就睡，有的一有响动就醒，易养还是难养在人生的头几天已见分晓。孩子越大，他们身上的特点也越明显，那么孩子身上那些让我们不能接受的，到底是特点还是缺点？

尽管我们知道每一个孩子都是独特的，但做家长的不甘心啊，比如那些公认的坏习惯：磨蹭、不专注、不爱学习、沉溺电子产品等，我们会竭尽全力想让孩子改掉；而那些公认的好习惯比如：自律、专注、爱学习等，我们也会竭尽全力地想让孩子都能够拥有。

于是，我们又一次发现，孩子身上的坏习惯无比顽固，而好习惯的建立很难，即便今天改了过两天又回去了。

改变别人和改变自己不同的是，往往我们越是用力，孩子就越顽强地抵抗，虽然我们的初心是帮助孩子，但结果可能是亲子关系受伤，孩子还是老样子。

那么是听天由命随他去，还是尽力争取？

3. 这世界变化快，我能留住什么

当我的儿子天天知道人终有一死的时候，他经常会说："妈妈你能活到100岁吗？我希望你永远不死。"当他知道孩子长大了就要离开家去上大学的时候，他会说："我将来上大学的时候还能和你住在一起吗？"在小孩子的眼里，超级英雄一定能打败恶魔，王子公主生活在一起，从此就能幸福到永远，他们认为世间的万物我们都能掌控。

虽然我们已经是成年人，不再相信王子公主的神话，但我们还是有很多对完美结局的期待。那些符合我们期待的变化我们会认为是好的，比如嫁给意中人、升职加薪、孩子考上理想的学校、生了一个健康的孩子、赚了大钱；而那些在我们预期之外的变化，我们会认为是坏的，比如生病、失业、离婚、孩子没有考到理想学校，面对这些所谓的"不好"的变化，人们会否认，会抱怨自己倒霉，有人也许会从此一蹶不振。

提问　变化真的有好坏之分吗？

那些满足我们期待的变化，比如结婚生子、升职加薪等，其实是把我们带到了一个新的人生阶段，生活不再和以前一样，它需要我们进行一系列的改变才能跟上，否则是祸是福都很难讲。

而那些看似倒霉的变化，无论是失业还是离婚，也许预示着即将翻开人生的另一个篇章，是机会还是灾难，要看我们如何对待。

所以到底稳定是人生的常态，还是不稳定才是人生的常态呢？如果你相信后者，那其实变化没有绝对的好坏。

很多时候我们急于去改变孩子，结果发现没有人喜欢被改变，真正的改变一定是先来自自己，我们改变了才有可能影响孩子。接下来我们来看看如何改变自己、如何帮助孩子改变，以及我们又如何面对人生各种不请自来的变化。

每日一小步

你的改变迷思是什么

列出你的改变迷思。

我想改变自己的地方：

(1) _____

(2) _____

(3) _____

(4) _____

我想改变孩子的地方：

(1) _____

(2) _____

(3) _____

(4) _____

我最惧怕哪些突如其来的改变：

(1) _____

(2) _____

(3) _____

(4) _____

4.2 改变自己之路

改变有不同，学习做家长是一个改变思维方式的事情，同时也是学习一种新技能，属于难度最高的一种改变，其过程曲折而又有起伏，需要的时间也会更长；而身体的改变比如减肥、跑步、健身，难度没有意识层面的改变那么大，需要的时间也会相对短一些。虽然难易程度不同，周期也不同，但我们大部分情况都要经历三关，每个人的计划在改变的道路上夭折，虽然原因各不相同，但有很多共性。

1. 改变有三关，你在哪里败下阵来

第一关：新鲜期

还记得我们在新年立下的那些志向吗？减掉10斤、读50本书、跑步、创业……到年终总结的时候，有多少人实现了愿望呢，很多新年伊始立下的志向，还没等到新年结束就已经夭折了。

抵御变化不能说明你有问题，只能说明你是人类中的一员，这就和我们的体温恒定一样，是这种稳定让人类在世界得以生存。而很多人却因此开始谴责自己，认为自己不行，这种挫败感让很多人选择放弃，都说目标重要，而给我们带来挫败感的恰恰就是目标。

目标可能根本不是我们内心真正所想，可能来自人云亦云，可能来自比较。

看到别人创业你也立志，其实朝九晚五享受天伦之乐的生活才是你所向往的；看到别人瘦身你也节食，其实和三五好友享受美食是你生活的重要乐趣；也许你羡慕别的妈妈轻声细语地和孩子说话，但咱就是个雷厉风行、有啥说啥的痛快人，装得了一天装不了一辈子啊。

目标可能太过"高大上"，就像爬山，山顶看都看不到，爬了半天没什么进展，哪还有力气再爬。

比如减肥，很多人最开始定的目标太高，一个月瘦10斤，不吃任何不健康食品，每周锻炼7天，刚开始几天都进行得良好，体重秤上的数字直线下降，但99.9%的凡人是无法忍受清教徒式的禁欲生活的。当你实在忍不住狂吃完一袋薯片的时候，你会觉得自己不能成大事，于是先谴责，谴责之后就坦然把冰箱里的冰淇淋也一起干掉，话又说回来，谁让薯片太咸，正好要靠冰淇淋中和一下呢。

比如学习做妈妈，我们给自己定下的目标是：不吼不叫，从容应对任何挑战，做一个"圣母"。刚开始几天，家里的小朋友也因为我们的改变

感到很新鲜，但小孩子总会在我们最没有耐心的时候来挑战我们。实在不知如何处理撒泼打滚的孩子，妈妈大吼一声在所难免，但这和我们的目标背道而驰，于是我们给自己贴上"我不是好妈妈"的标签，索性放弃。

人们通常认为目标是激励我们的动力，但当你一提起它心里就发紧的时候，目标有可能已经给你带来反作用了，它在时刻提醒你：你不行，还差得很远。它会减弱人们对过程的享受，最终导致人们停止前行。

第二关：斗争期

首先恭喜你，至少过了第一关，人们初次尝到了改变的喜悦，每日打卡晒朋友圈得到诸多赞美，会以为前途无限光明，但世界不是按照我们的预期发展的，我们不可能每天靠着打鸡血过日子，慢慢地各种意外开始出现。

我有一个学员给自己制订了学英语计划，她的计划是，每天早晨送完孩子，回到家先学习2小时，开始两个星期进行得非常良好，但忽然有一天孩子生病了，一个星期没有去学校，于是她学英语的计划泡汤了。她非常气馁，于是彻底放弃，再也不敢面对自己跌倒的战场。

在这里出问题的往往是我们的计划，如果我们不能把出错当成人生常态，我们的计划就会太脆弱，太挑战人性，缺乏弹性。

第三关：稳定期

每一个走到这一关的人都应该为自己鼓掌，但是很多到了这个阶段的人，还是觉得自己不够好，似乎永远无法登顶；还有的人达到一个目标之后就不知何去何从，我们身边不乏这样的例子，那些玩命考完钢琴10级的孩子，从此不再碰钢琴。

我到现在还保持着三十几年前的体重，期间生了两个孩子，他们相差13岁，这中间也经历过体重的起伏。我天生属于易胖体质，但常年养成的饮食习惯和运动习惯，让我的体重上下变化不超过两三斤。认识我的人都知道，我是一个在管理身材上超级自律的人，但我总还是在计较一两斤的得失，觉得自己总是还差那么一斤要减。

在我众多的妈妈学员中，有的妈妈学习了各种教育学、心理学的课程，真的是由内而外地发生了很多变化。她们不仅自己变得更加有智慧，还去讲课帮助更多的妈妈，但她们总是觉得自己做得还是不够好，为自己偶尔的发飙感到内疚。

这就好比一个人在不停地爬山，而不给自己一丝闲暇去欣赏"会当凌绝顶"的美好，我们需要给自己奖励和认可，这个奖励不一定是物质的，可以非常简单，哪怕是对自己说一句"你真的很了不起！"

写下这段文字的此时此刻，我在内心为我的自律鼓掌，一下子我又觉得力量倍增，人生要是变成了一场苦修，岂不本末倒置。

> **提问** 我们如何找到合适的目标？
> 如何帮助自己建立稳定的习惯？
> 我们又如何让习惯的养成更加持久呢？

关键是：

> **提问** 我们如何让自己变成自己希望成为的人，但又同时享受一路走来的每个时刻呢？

2. 目标越小越靠谱

我们小时候写作文都写过自己的理想，记得我的理想是成为一名像居里夫人一样的女科学家，很显然我的目标没有实现，这种理想太空洞；后来在外企工作，管理层每次提到目标都要求量化，要具体到什么时间达到什么样的数字。对于培养个人习惯来说，无论是"高大上"的目标还是量化的目标，都很容易让一个新习惯"流产"，前者让我们觉得遥不可及，后者更适用于一个已经形成的习惯。对于新习惯的养成，量化的目标给我们带来的是压力，这种压力会耗光我们的自控力。

能推动改变的是那些我们不费力就能做到的微小的行为，第一点，因为它容易啊，失败的可能很小，做到了就有成就感，而成就感能够不断推动我们往前走。第二点，当这种微小的行为变成习惯，它会让我们形成一个又一个新的好习惯，好习惯也是扎堆儿的，我们都有体会，当你健身的时候也就容易吃得更健康，在这样的力量的推动下，那些数字目标其实只是一个自然的结果。

提问　那么如何找到这样微小的第一步呢？

神奇问题

3. 改变三问

我们首先要问自己：我想成为什么样的人？这是自身导向，而我们通常的做法是结果导向，也就是说是要达到什么样的结果。

案例

结果导向：我要减掉10斤。

做法：我要从今天开始不吃肉、不吃甜食，每天1万步。

接下来：太饿了，坚持不下去，而且就算你达到这个10斤的目标，然后做什么？反弹指日可待。

自身导向：我要成为一个饮食健康的人。

微小一步：今天开始多喝1杯水。

接下来：也许可以试试用水果代替甜点，也许可以用糙米和全麦代替精米精面。

多喝1杯水比减掉10斤容易很多，我们每天都能体验成就感，每天都能给自己鼓掌。当健康的饮食习惯逐步建立起来，会有更多的好习惯随之而来，减掉10斤也许就是个自然结果了,关键是,我们形成了一种新的生活方式,而不是阶段性的手段。

> **案例**

结果导向:我不能对孩子发脾气。

做法:从今天开始,我要忍,要有耐心。

接下来:人的忍耐力非常有限,受很多因素影响,疲劳、工作上的烦恼、公共场所的面子,这些都很容易引爆我们,从而导致放弃。

自身导向:我要成为一个和孩子共同成长的妈妈。

微小一步:不发脾气我不一定做得到,但遇到问题我可以想想第1章的神奇问题:我是要搞定他,还是要帮助他?然后实在忍不住发脾气那就发呗。

接下来:对于微小一步,我不追求结果立竿见影,只要我能这样思考就给自己鼓掌。

思维方式的转换确实不容易,所以更是需要从微小一步来,当新的思考方式成为习惯,就会带来各种连锁的积极的变化,我们也可以开始尝试另一个微小一步,比如说练习第3章的倾听三步骤。

拿我自己举例,这是我写的第一本书,如果我的目标是结果导向,那就可能是这个样子:在某年某月出版一本畅销书。

我会算一下,一天写1千个字,三个月不就写出10万个字了吗,但接下来问题就出现了,有可能大纲没有定下来,三四天一个字都写不出,看到任务完不成我会很泄气,然后担心赶不上自己定下来的截止日期。我可能会一边写一边在想,我写的东西有人喜欢看吗?会好卖吗?另外总会有各种意外,昨天没睡好,今天大脑不转,其他事物打扰分心,让我无法专注……如果每日被这样的想法扰乱大脑,那估计是写不出高质量的东西的。

如果换个方式问自己三个神奇问题，看看会怎样？

第一问：我想成为什么样的人？

我想成为一个能把人生道理讲得深入浅出而且接地气的人，我想通过写书让自己的思路更清晰，从而帮助和我一样的妈妈和其他女性朋友们。

第二问：我的微小一步是什么？

只在不上课的日子写作，选择在早晨头脑清醒的时候写，因为我的脑子只有早晨才转得动。

从每天一个番茄钟专注时间开始（番茄钟是一种时间管理的方法，每25分钟休息5分钟），不给自己规定字数，专注时间不看手机，可以在网上查资料和思考。

实际上，我很快就进入到每天使用至少4个番茄钟的状态，所以我每天都会夸自己啊。

第三问：我还有可能做什么？

好的习惯也是有传染性的，后来我发现即便陪天天写作业，我仍然能做一些不太需要专注的写作工作，比如挑挑错字、通顺一下语句、查资料；再后来我发现我能在任何时间写作，无论早晨还是中午、下午，甚至倒时差的时候也能写；并且我也能在任何场所写作，机场、酒店、飞机上、餐馆、健身房等。

当我不再给自己设限一天写出1000个字，当我允许自己花三天时间思考大纲和查资料，当我告诉自己发呆也是可以的，我发现我经常一天能写几千字。

在这本书里我写了很多"每日一小步"，就是想让大家从很简单的事情做起，可以连续几个月只实践一个新方法，只要做了就给自己掌声，日积月累下来，新的思维方式就会形成连锁反应。

提问 要不要用截止日期做目标？

很多时候人们会用截止日期做目标，如一个月内减掉10斤，或者21天早起，因为书上说21天能养成一个习惯。改变一个习惯并不是简单的21天，有研究发现，建立一个新习惯最多要8个多月。换一个角度来说，如果我们关心的是自己成为什么样的人，如果我们关心的是重建新的生活方式，那我们其实是不需要截止日期的。我们希望自己一直是一个健康饮食的人，一直是一个和孩子一起成长的人，一直是一个有着积极思考方式的人，这个截止日期是不存在的，对吧。

练习 | 想一想你想改变的事情，或者你想养成的新习惯，问问自己神奇问题。

第一问：我想成为什么样的人？

这个问题要直指内心，尽量避免用外在的数字指标来描述。

第二问：我的微小一步是什么？

找出那些你马上能做的，最没有难度的事情，每次做到都鼓励一下自己。

第三问：我还有可能做什么？

一旦一个人觉得自己能够走出舒适圈外一点点的时候，他会走得更远。

4. 呵护你的新习惯

什么是习惯，就是那些不用动脑子也能重复去做的事情，比如刷牙，我们多么希望那些健康的好习惯也能像刷牙一样自动而且不费力，但是每一个新习惯都是脆弱的。

提问 培养新习惯的时候，旧习惯在不停地和我们对抗，怎么办？

提供以下4个方法，有助于我们保持新习惯。

第一，让新习惯规律化

新习惯需要通过不断地重复才能变得自动化，所以要尽可能地让我们的新习惯规律化。

固定时间

比如当我把不上课的日子定为写作日，我会具体到开始写作的时间。天天上校车的时间是7点20，接下来我需要看看微信处理一些事情，所以我给自己定下的时间是早晨8点，同时也在手机上标注"8—16点闭关"，这个标注与其说是给自己提醒，更多的是给自己的一种约束。

然后我用番茄钟管理自己，25分钟休息一次，休息的时候可以看看微信，做做伸展运动，比如做5个仰卧举腿，也就是说我写作的时间越多，仰卧举腿也就做得越多。

调整日程

新的习惯在建立初期特别需要细心呵护，所以尽量让其他安排让步，比如我会尽量把健身时间安排在下午，这样整个上午都能比较专注。

让新习惯"搭便车"

大脑还没有养成新的重复，所以需要提醒。做妈妈的都知道，孩子的一点一滴习惯都离不开反复提醒，比如我们在最开始教孩子刷牙的时候都免不了每天提醒，直到有一天这些行为成为一种习惯，但是我们是大人，谁来提醒我们呢？

我们现有的习惯都可以成为提醒工具，也就是说我们可以让新习惯和原有的习惯捆绑在一起，让原有的习惯带动新习惯，而不是完全依靠我们的自律，这样成功的概率会比较高。

新习惯1：每天感恩和致谢家人。

现有的习惯：吃晚餐。

搭便车：当我每天吃晚餐的时候，我会说出今天的感恩。

反正每天都要吃晚饭，这件事儿忘不了，那么就多捆绑一个新的小习惯呗，我们可以在吃饭前感谢家人，感恩今天的任何美好，比如今天没有雾霾，今天看到了一个大月亮……

> 案例

新习惯2：每天鼓励孩子的一个闪光点。

现有的习惯：睡前和孩子道晚安。

搭便车：当我给孩子道晚安的时候，我会说出孩子今天的一个进步。

我们每天都会给孩子关灯道晚安，那么可以利用这个时间告诉孩子他今天的一个进步，比如他解决了一个数学难题，和新来的小朋友交了朋友。这件事情我已经做了快两年，700多天，无论这一天过得多么糟糕，我们总是能看到人生的亮点。

> 案例

新习惯3：每天做一个俯卧撑。

现有习惯：上厕所。

搭便车：当我上完厕所，我会做一个俯卧撑。

这个例子是来自斯坦福教授BJ Foggs在TED上的演讲，他每次上完厕所就会做一个俯卧撑，他开玩笑说，每天做俯卧撑的多少取决于今天喝水的多少。

允许自己犯错

就算我们计划得再周全，生活也总是会出现一些意外打乱这些计划，比如那个计划每天学习两个小时英语的妈妈，可能会遇到孩子生病、要处理家庭事务等意外事件的干扰，在这里，每天学习两个小时英语的这个计划是缺乏灵活性的。

第二，制订灵活的计划——不要给自己挖坑

我曾经自己把半年的锻炼计划都做好，每周3次健身私教课，雷打不动，但问题是这种计划缺乏弹性，所以也就会出现本末倒置的情况。本来健身是为了让自己更健康，但却因为我过度疲劳导致免疫力下降而生病。后来我调整我的计划为：去外地讲课的时候不做剧烈运动，讲课的时候不健身，倒时差的时候不健身，没有课的时候每周健身2~3次，不去健身房的时候可以去公园快走。

那个想每天学英语两小时的妈妈，可以把计划改成这样：

- 每周有3天时间学英语。
- 每天1~2小时，可以分成上下午两段时间。
- 可以穿插多样化的内容，疲劳的时候可以看英文电影，文字看不进去的时候可以练习口语。

第三，设立意外处理机制——别把精力放在和自己较劲上

其实我们的新习惯偶尔一次做不到不会造成任何损失，让我们失败的是那些内疚和自责，那么如何让自己不内疚不自责呢？可以设立意外处理机制，给自己制造微小的成功。

如果因为孩子生病这一天没办法学英语，那么可以和孩子一起看个英文动画片，把字幕关掉，是不是也蛮有成就感的。

还可以制造意外，比如我在饮食上很自律，高油、高糖、高盐的东西都少吃，但是我会每周给自己一天"随便吃日"，也就是吃任何想吃的东西，无所谓健康不健康。这样明目张胆地"犯错"让我们不再和自己的人性本质去较劲，而真的让我随便吃呢，其实我也不会过分到哪里去，因为身体已经习惯了清淡健康的食物，真的大吃大喝起来生理上也受不了。

第四，给自己及时的奖励

提问 健身完吃一大杯冰淇淋是不是奖励？

有人说对啊，因为我出汗了，我消耗卡路里了，所以有权利大吃一顿哦，但接下来会怎样？可能会白忙活一场。

很多人一提到奖励就觉得一定是来自物质奖励，但如果我们扪心自问：

提问 到底什么能激励我们前行？

我想，是来自对自己的认可，是当我们觉得"我能行"的时候。

有很多方法能鼓励自己，我经常在朋友圈上看到大家晒打卡，比如学英语打卡、早起打卡、跑步打卡等，这些都是对自己的一种认可。还有很多人加入一个团体一起前行，因为在这个过程中每个人都能得到来自其他人的赞赏，这比一个人闷着头前行要容易得多。

但实际上我们得到的最大的奖励是来自新习惯本身，每一个新的好习惯都会带动其他的好习惯，健身带动体内多巴胺的分泌，会让我们更快乐，会让我们的睡眠更好，会让我们不由自主地吃得更健康，会减轻我们的焦虑，也会让我们的亲密关系、亲子关系更加良好，总之会有很多意料之外的奖励给到我自己。

比如我写书的时候没想那么多，只是想着把思路整理一下，然后表达清楚，但我收获了很多意料之外的东西。每日固定时间的专注让我发现我自己能静下来了，我发现原来已经有些锈掉的大脑开始运转起来，我发现为了把一件事情讲明白，我要花大量的时间自己先想得透透的，我发现无论走到哪里我都能随时拿出电脑写作，生活一下子充满了乐趣……一个改变带动了无数个积极的改变，这样的奖励比任何物质奖励都来得充实。

也许有人会说，即便是微小的改变也是不容易的。是的，我们总是希望自己变得更好，希望我们周围的人和世界变得更好，而我们要付出的只是每天让自己多那么一丁点儿的自律，慢慢地，那些好的微小习惯就会像滚雪球一样成倍地增长。

> **万能清单**

让新习惯"搭便车"的万能清单

找一个你想建立的新习惯,可以非常微小,比如感恩、对爱人说一句甜蜜的话、对孩子微笑、收紧肚子等,将这些新习惯捆绑在已有的习惯上,让已有的习惯成为新习惯的提醒神器。

列下你每日必做的事情清单,用它让新的习惯"搭便车"。

(1) 刷牙。

当我刷完牙我会<u>对自己微笑一下</u>。

(2) 洗澡。

当我<u>洗完澡我会上秤</u>,这可是净重哦。

(3) 关灯。

当我晚上关灯睡觉的时候,我会<u>感恩一天平安度过</u>。

(4) 吃晚餐。

当我们吃晚餐的时候,我会<u>向家人致谢</u>。

(5) 坐地铁。

当我<u>坐地铁上下班的时候,我会收听一本喜欢的书</u>。

(6) 打开手机。

当我<u>打开手机的时候,我会看到屏保上我今天的微小目标</u>。

再列一个每天都会发生的事情的清单,它们也是你的提醒神器哦。

(1) 红灯。

当我<u>开车遇到红灯的时候,我可以活动一下颈椎</u>。

> (2) 收到微信。
>
> 当我收到微信的时候,我可以练习一下不去看,看看会怎样。
>
> (3) 电视广告。
>
> 当我追剧的时候放广告,我可以做5个仰卧起坐。

4.3 改变孩子从微小习惯开始

> 如果儿童有两万年的时间,且有一个有利的环境,我们可以允许儿童按照自己的节奏发展,那么,经过两万年之后他们终究会发展到成年人的文明水平,但这个办法显然是行不通的,成年人必须在儿童的发展过程中给予指导。
>
> ——阿德勒

在家长课上我曾经买来十几棵植物,有的很漂亮,有的很丑,有的很好养,有的很娇贵。我在每一个人的座位上放上一株,然后等待他们进门,早来的家长走到每个植物面前端详,然后找到一棵自己最满意的植物再坐下,那些来得晚的可能不得不坐在自己不喜欢的植物面前,比如一棵很小很丑的仙人掌。我告诉大家,这是上天送给他们的礼物,不仅不能不要,还要负责到底,这个时候,有人欢呼,有人沮丧。

其实养育孩子比这个更不易，因为我们是没得可选的，你的孩子，无论是一株玫瑰还是一棵仙人掌，他都是你的孩子，你再努力也不可能把仙人掌变成玫瑰。如果用养玫瑰的方式去养仙人掌可能会出问题，我们所能做的最好的事情也就是帮助仙人掌成为一棵茁壮健康的仙人掌了。

所以我们和孩子的关系不是生产线上的工人和产品的关系，我们更像园丁，像农夫，因地制宜，因材施教，然后静待花开，而花开成什么样，其实也不完全是我们能操控的。

1. 别再跟孩子的坏习惯较劲了

查尔斯·都希格在《习惯的力量》中把人的习惯总结为一个回路，也就是：

暗示→惯常行为→奖赏

我把回路的3个部分的用词稍稍修改了一下，更便于理解：

触发点→习惯行为→需求满足

【名词解释】

触发点：可能是时间、地点、情绪、其他人。

习惯行为：指那些我们不太需要动用意识层面去做决定的行为。

需求满足：指我们作为人类的各种需求，比如安全感、归属感、价值感、娱乐等。

例　你看到星巴克的标志（触发点），于是就走进去买了一杯拿铁喝（习惯行为），这个行为带给你放松（需求满足）。

例　当你无聊的时候（触发点），就会拿出手机刷微信（习惯行为），这个行为让你和朋友连接了，解决了一些问题，或者带来一些娱乐等（需求满足）。

很多时候，当看到孩子的坏习惯时，家长会用各种方式去制止，比如唠叨、恐吓，但是如果不能以一个完整回路去看待这些坏习惯，仅仅是制止行为本身，往往是无效的。

从触发点改——可以尝试改变环境

在孩子小的时候，他们所生活的环境基本还是在我们控制范围内的，所以如果我们可以让孩子生活的环境尽可能是健康的，那么孩子养成坏习惯的可能性也会低一些，这个方法同样适用于我们改正自己的坏习惯。

例 家里不存放过多零食，可以存放一些健康的零食以及水果，这个方法对成年人也有效哦。比如我的家里就没有零食，实在饿了只好啃个苹果，或者喝两口牛奶，甚至煮个鸡蛋。

例 把全家人的手机等电子产品放在一个固定区域，而不是随手可及的地方，比如不要放在餐桌上、书桌上、床头等。取而代之的是在家庭中摆放一些孩子喜欢的图书、桌游、小型的体育用品，比如桌上足球。

从需求出发——用更多的好习惯代替坏习惯

无论好习惯还是坏习惯，它的背后都有两个字：需求。那些所谓的坏习惯，比如沉迷游戏、吃零食，它都满足了孩子的一些需求。一旦在一定的时间、环境、情绪之下，孩子会自动地去做这些我们称之为坏习惯的行为。

提问 电子游戏到底满足了孩子的什么需求？

价值感——我能闯关，我很厉害。

连接感——我和同学有的聊，我能和网络上的其他人一起玩儿。

刺激——这件事真有趣。

被接纳——犯错没关系，我永远可以重来。

被激励——我的每一次成功都有金币落下，有人为我欢呼。

这件事情，给孩子带来这么多他在生活中得不到的东西，满足了他的诸多需求，我们家长要把它从孩子的生活中根除，是不是很难？

换个角度想想：

提问 **有哪些事情能让孩子获得价值感、连接感、放松、被接纳和被激励呢？**

比如：

- 一项孩子喜欢并且能长期坚持的体育活动。
- 孩子拿手的事情，让孩子帮忙，比如让孩子帮家长做个PPT。
- 家庭活动比如滑雪、徒步。
- 全家人一起读书。
- 看优秀的电影。
- 玩桌游。
- 做木工。

……

这样列下去是不是有无限可能？

每日一小步

阅读时光

我们生活在一个注意力被严重分散的时代，快速的生活节奏，身兼数职，电子产品的无孔不入等，都让我们无法专注地看一本书。

我的儿子天天有一天读了一本书，是《My Weird School》系列，书中提到了一个词叫 DEAR Time，DEAR 是英文 Drop Everything And Read（放下所有东西开始阅读）的首字母缩写，于是我们的阅读时光也有了一个正式的名字了。

每天晚饭后是我们全家的阅读时光，天天读他的书，我和爸爸读我们的书，一般在半个小时左右。读完之后每个人分享自己读的书，我们读的书很杂，从心理学、社会学到文史、管理都有，但我和爸爸并没有把天天当小孩，我们尽可能用孩子能理解的语言把我们自己读的书分享给他。

你也可以和孩子一起制订一个阅读时光的惯例：

Where——在哪里？

地点不限，可以是家里沙发上，可以是出门旅行的酒店里，甚至可以是飞机上。

When——什么时间？

时间固定更容易坚持，比如睡前，或者晚饭后。

How——什么形式？

可以读完后分享，不识字的孩子可以由爸爸妈妈来读，爸爸妈妈还可以扮演书中的人物来讲故事，记住，孩子最有创意，听他们的。

What——读什么书？

有人认为读书要有教育目的，也有人认为读书是为了享受阅读的乐趣，但在孩子阅读初期，乐趣比目的更容易让孩子爱上读书。▲

2. 好习惯的养成离不开重复

有家长说经常为孩子晚上不睡觉而头疼，两三岁的孩子，有时候10点睡，有时候耗到12点都不睡，让大人筋疲力尽。后来我又问了他们自己的作息习惯，她说她们两口子都喜欢玩儿，经常带着孩子和朋友出去吃饭，也经常带着孩子到处去玩儿。有时候孩子在车上睡觉，等到了家又不困了，每天的生活作息很不规律。

还有的家长为孩子无法独立睡眠而苦恼，孩子需要大人抱着、走着、晃着才能入睡，甚至半夜醒来仍然要抱、要走、要晃，一天两天还可以，时间长了大人还是非常辛苦的。人在疲劳的时候哪里还能有持续的耐心呢？我见过家长因为孩子晚上不睡觉而暴怒，然后孩子不出声乖乖地睡了。古人云"暮夜不责"，让孩子在惊恐中入睡，我相信这并不是妈妈的本意。

婴儿来到这个陌生的世界，一切都是未知的，他们需要安全感。规律稳定的作息不仅仅能让孩子感受到安全，还能让他们对自己的生活有掌控感，因为这会帮助他们日后适应更多更大的变化。那些被不断抛弃、辗转于不同寄养机构和家庭的孩子，社会工作者首要的任务就是帮助他们建立规律的作息。因为在这些孩子的生活中充满了不确定性，什么时间吃下一顿饭、什么时间睡觉、在哪里睡觉，这些对他们来说至关重要。

随着孩子年龄的增长，他们总是要经历各种人生变化，比如去上幼儿园、结交新的同学、认识新的老师、搬家、换学校等，那些在家庭中有着稳定的作息规律的孩子，会更有力量和能力适应家庭外的变化。

给宝宝设计一个睡眠惯例

在上一小节我们讲到习惯回路，第一点是触发点，也就是指发生这个行为的时间、地点、一些前序事件。这是我们在帮助孩子建立早期生活规律的重要依据，我们来看看如何帮助孩子建立一个睡眠惯例。

案例

时间：每一天晚上的7点钟。

仪式：给宝宝洗澡。

喂奶。

放轻松的音乐。

抱着宝宝一起关上每一个灯。

和客厅说晚安，和大熊说晚安。

地点：把宝宝抱到他的小床上，这里有它最喜欢的小毯子、床单和床铃。

如果我们每一天都在同样的时间、地点做着同样的仪式，慢慢地孩子会知道一切都是可预期的，睡眠规律就这样养成。

当然，孩子不是机器人，不可能完全按照我们的设计来，所以我们要观察这个触发点并且不断调整：

宝宝一般几点钟入睡更快？

宝宝最喜欢哪些睡前仪式？

宝宝最喜欢床上的哪些物品？

随着孩子年龄的增长，这样的惯例也许还要变更，比如可能不再是7点睡觉，比如睡前惯例里加上了睡前故事，但是一个惯例在一段时间内需要稳定，因为正是不断地重复才让一个习惯得以养成。

孩子也可以参与惯例的制作

当孩子上幼儿园后，经常有家长为孩子早晨起不来床而抓狂，担心路上堵车，担心赶不上幼儿园的早饭，担心自己上班迟到。这个时候你会发现，家庭的生活作息，需要和外界的时间表吻合。

解决这个问题的办法还是设定日常惯例表，包括早晨惯例和睡前惯例，而且要邀请孩子一起参与制作，因为孩子已经有自主意识，所以他们对于自己参与的决定更愿意遵守。

邀请孩子参与制作日常惯例的方法很多，可以给孩子拍照片，记得天天3岁多的时候，我开始给他制作日常惯例表。

我先和他讨论每天早晨起床都要做哪些事情，比如：穿衣服、洗脸、刷牙、吃饭、穿鞋、下楼、坐校车这7件事情。

然后我拍了7张他在做这些事情时的照片，按照顺序贴在一张大纸上，这张大纸在我们家的餐桌旁贴了将近一年。

小朋友养成新习惯的速度比我们想象的快，当习惯养成后，我们就不需要不停地催促唠叨。天天从3岁多就坐校车上学，校车7点10分准时发车，我们已经坐了6年校车，从来没有耽误过一次。

做日常惯例表的形式有很多，有的孩子会写字，有的孩子爱画画，妈妈可以让孩子来写、来画每一个步骤。还有的家庭，姐姐会帮助弟弟做他的惯例表，这个过程和游戏一样好玩儿，也难怪小朋友都很有积极性呢。

那些微小的习惯可能受益终生

有时候我在想，我们除了衣食住行，还能给予孩子什么，能让他们受益终生呢？这里面其实会受到父母价值观的影响，我和天天的爸爸都爱读书，于是阅读习惯是我们送给孩子的一件最重要的礼物。

但是不是所有孩子都天生喜欢阅读的。

我们小时候，物质匮乏，娱乐很少，所以读书就自然而然成为一种娱乐，虽然可读的书并不多。现在的孩子不同，可以娱乐的东西太多了，比如电子产品、电视等，这些都比读书"容易"，所以读书这样一种兴趣，靠自然而然地萌发还真不容易呢。

天天是一个好动的孩子，对文字不敏感，不是那种看见书就走不动道的孩子，我从10个月开始每天给他读绘本，但到了上学的年龄他仍然大字不识一个。很多孩子喜欢自己抱着书看，然后妈妈就能轻松片刻，这在天天身上从未发生过，读书对他来说就是依偎在妈妈身边，妈妈读，然后他看画。

但是阅读又很重要，是慢功夫，所以即便孩子没兴趣，我觉得也值得推动一下。

小步前进——帮助孩子建立读书的能力

人们经常说兴趣是动力，但是人对自己做得不好的事儿其实很难有兴趣，孩子更是如此，所以有时候要助力小朋友一下。当他们慢慢有了能力，做得好了也就更容易产生兴趣。

一个合适的起点很重要，既不能太难，也不能完全没有挑战。在天天6岁半的时候，我开始带着他读最初级的英语分级读物《牛津阅读树》和一个在线阅读软件。英文分级读物编排得很科学，所以读《牛津阅读树》的第1级不是很难，每页只有一句话，一本书十几页，也不算长，每个晚上半小时，读5本。

阅读是慢功夫，当天天用了半年时间读完《牛津阅读树》9级300多本书以后，阅读的流畅性已经提高很多，而且最关键的是，他开始把自己归于阅读很好的一类孩子，他也开始慢慢有了读书的兴趣，虽然谈不上痴迷。

日常惯例——让读书成为一种习惯

对于小朋友来说，与其花时间唠叨催促他们，不如花时间为他们设定惯例，读书也是一样。在最开始带领天天读书的时候，他选择在每天晚饭之后读书，而且还要酸奶零食伺候。慢慢我们就固定下来这个时间，两年多过去了，他现在仍然喜欢在晚饭后读书，学校的各种作业里他首选的也是读书。

在设定惯例的初期，孩子不一定完全配合。即便是读很有趣的《牛津阅读树》，随着难度的增加，天天也有抵触的时候，在这样的时候真是需要父母的坚持。

记得在最开始带领天天读书的时候，正值我带他去伦敦旅行。每天早晨我们都是读完《牛津阅读树》才出门，因为晚上回来会比较疲劳，你说他百分百乐意吗，当然不是，但先读书再出门，这是规则哦。

鼓励而不是奖励——激发内在动力

我们家庭从来没有物质奖励，所以读书自然没有。

那么激励来自哪里，来自小朋友的成就感，比如读书的级别、读书的单词量等都能帮助小朋友看到自己的进步，当然最重要的还是读书带来的乐趣。

《牛津阅读树》一共9级,每个级别三十几本,升级对他来说就是一种激励。

另一个阅读软件从AA到Z一共27个级别,每个级别读完系统会升级,真是满屏的小星星啊,天天每次都特别兴奋。

他在一家机构读英文书,每个月机构都会根据小朋友的阅读单词量排榜,有一次天天一个月的阅读单词量超过了10万,名列榜首,他特别兴奋,于是我们去楼下的花店买了三棵小植物来庆祝;他在7岁那年读书达到53万字单词量,得到了机构的奖学金和Kindle电子书阅读器,自然很开心,不过我觉得这和得到三棵小植物的开心程度是一样的,最大的奖励来自对自己的认可;等天天到了8岁时,他一年的阅读量达到了100万单词量,这个数字本身就是一种鼓励。

读书有用吗?用处在哪里?这些都不是能用功利的目标来衡量的,我只是凭朴素的直觉认为,孩子多读书一定没有坏处,现在的孩子们都很忙,要做的事情很多,天天也一样,所以就要对时间做个取舍,但舍什么都不能舍掉阅读。

每日一小步

日常惯例表

很多妈妈都为孩子磨蹭的问题头疼,起床睡觉都是如此。往往一开始好言好语,但孩子仍然磨磨蹭蹭,最后河东狮吼一番,孩子倒是听话了,但自己倍感内疚和失败,不知这样的日子要到何时,恐怕自己也离狰狞的黄脸婆不远了。

下面是制作睡前惯例表的步骤。

第1步 问孩子:"你睡觉前都要做些什么啊?"

第2步　把每一样活动列出来。

第3步　再问："我们先做哪个？后做哪个？"

第4步　和孩子一起排好顺序，可以问："你想不想让我给你拍照片？"（孩子喜欢被拍照）

第5步　把孩子的每一个活动拍成照片，按照顺序粘贴在一起，这就成了孩子的日常惯例表。

第6步　制作完让孩子选择张贴的地方。

让孩子参与进来，看看孩子还有什么好办法。

对于一个小宝宝来说，每天的惯例可能相似；对于一个小学生来说，每天的惯例都会不同，因为他们有课外班、学校作业、课外班作业、一些乐器的练习；而对于一个青少年来说，惯例表可能就要建立在一个月甚至一学期的基础之上，有些项目需要一个月来完成，那么他们就需要把一个大计划分解成小的计划。学习管理时间不是一蹴而就，它是一个过程。▲

3. "静待花开"说的可不光是等待

> 王霄老师：
>
> 我的孩子上小学一年级了，每天早晨去上学都比较困难，原来在幼儿园的时候想几点去就几点去，好轻松，难道按时上学不是到了年龄就会的吗？
>
> ——一个一年级小豆包的妈妈

其实每天能准时到校，这是孩子在上学前就需要掌握的能力，而不是等到上了小学才去培养。孩子在幼儿园的这三年，有足够的时间练习准时到校，而上了小学之后，重点就转移到学习习惯的建立了。

当我们看到孩子的问题而手足无措的时候，我们会安慰自己，大了就好了，但实际上，很多能力不是孩子大了自然就会了，而需要我们的帮助和助推。这让我想起来"静待花开"这四个字给很多家长带来的误导，包括曾经的我自己。

静待花开的本意是反对拔苗助长，是指尊重孩子的生长规律，不过早地要孩子去做和生理发育不匹配的事情；尊重孩子作为个体的特性，不要试图让仙人掌变成玫瑰；当我们做好园丁该做的工作，有的花开得早，有的花开得晚，我们需要耐心地等待。

静待花开是对结果的不强求，但不是对过程的不作为，相反，它需要更多的作为，这个过程一点都不轻松。

很多时候我们会在媒体上听到一些"牛娃"的妈妈说她什么都没做，孩子就是完全自发地努力。我以为这恰恰说明这位妈妈的"段位"比较高，已经把养育孩子的根本理念内化到和吃饭一样普通，自己都觉察不到了。

也有时候人们会拿乔布斯、马云来说事儿，他们的父母什么都没做，但这花却开得不是一般的好。其实这种小概率事件如果发生在你家里，你拦也拦不住，万一不是呢，我们还是老老实实地做好园丁为上，毕竟孩子不是小白鼠。

花开需要很多条件，要有合适的土壤，要根据植物的特性浇水、施肥，有的植物需要多见太阳，有的也许不需要见太阳，有的有病虫害需要杀虫，有的需要时不时修掉多余的枝杈，此外还要不赶上天灾人祸，花才有可能开。

家庭的环境是土壤

妈妈小故事

好友麦格爱好设计和创意以及一切美的东西，是小创客的创始人之一，我眼看着她每天一篇文章,不到一年就把公众号写成几十万人关注的平台。

儿子杨杨从小画画,每次麦格带着儿子去旅行,杨杨都是走到哪里画到哪里。他们去博物馆不是走马观花加拍照留念,而是每到一处,杨杨都会拿出画架,临摹那些艺术精品。

看看麦格怎么说。

"读万卷书不如行万里路,旅行完全不同于日常生活的体验,它从某种程度上来说是一种输入,输入鲜活的记忆、真实的经历,输入越多,内化在心底的就会越多。几年来,我们带着少年感受了古典浪漫的欧洲文化,也领略了辉煌绚丽的中国传统艺术;我们走过繁华的大都市如东京巴黎,也直面了柬埔寨贫困的水上人家的生活……它们都透过儿子的眼睛和画笔被定格在画本上,这样的经历,是我们作为父母,能够尽力给到他的最大的财富。

"我希望这份阅历,能够带给儿子一颗心怀世界的心。它会让少年不惧,即使去到世界任何一个地方也能从容独立地生活;它会让少年宽容,因为在同一片蓝天下有着各种各样的生活状态的人;它会让少年保持好奇之心,这个世界有太多美好的东西值得追寻……"

环顾周围的家庭,有的家庭喜欢社交,有的喜欢旅行,有的喜欢探险,有的喜欢艺术,有的家庭热闹一些,有的家庭安静一些……在他们的孩子身上都有着非常明显的家庭价值观的影响,没有好坏之分,只有不同,这样的土壤对孩子潜移默化的影响是巨大的。

按时浇水晒太阳,考验做父母的坚持

我是养花杀手,什么花只要到了我家,最后不是死翘翘就是得了"不育症",永远都开不了花,究其原因就是我根本记不住什么时候该浇水、什么时候该晒太阳。

举一个正面的例子,比如好友麦格,她不仅仅提供了热爱艺术的土壤,更重要的是在她的推动下杨杨从8岁开始就坚持每日一画。孩子喜欢一样东西不难,但在学习的过程中难免会有沮丧、眼泪甚至放弃的心,画得不满意把画撕了的事儿也是常有。想起天天学琴这三年来,不知有多少次遇到困难拔腿就跑回自己的房间。此刻我们经常会心疼孩子,或者自己就先退下来了，但孩子的生命力其实比我们强壮，在这样的时候，来自父母的日复一日的坚持就是至关重要的了。

成长是孩子的责任，浇水是我们的责任，都不可推卸

说起文章开头提到的小豆包妈妈提出的问题，在孩子小的时候，很多习惯的养成都不是自然而然的，都需要家长的助推才能慢慢内化。比如按时睡觉，按时起床，每天刷牙，有限的电子产品时间，每天阅读等。

孩子会每天都配合吗，当然不是，早就过了睡觉时间，他可能会不断哀求你再讲一个故事；到了收起 iPad 的时候，他可能会要再玩一会儿；兴趣班遇到点挫折马上打退堂鼓……如果说测试和挑战家庭规则是孩子的工作，那坚持约定就是我们的工作了。

如果这些习惯养成得比较好，等到了小学，家长就不必再为每天刷牙这样的事情操心了，因为小学阶段的任务可能更加复杂。比如孩子要管理自己的学习用品，根据课程准备当天要带去学校的东西，保证每天完成学校作业和课外作业，养成阅读和体育锻炼的习惯等。

每一个阶段的培养其实都是在为下一个阶段做准备，很多习惯如果没有在早年养成，等到了青春期其实是很难矫正的。

有了问题要及时杀虫或者剪枝

原来我家楼下有一位大姐特别会养花，她家的小院特别美，而旁边的一家则是杂草丛生。只见那位大姐每天都在院子里忙活，不仅浇水施肥，还要经常修剪。有一天，我看到她拿着小镊子在捡虫子，还真是吓了我一跳，一问，才知道花园里总是会有各种害虫，所以要打药，很多时候需要自己去把虫子处理掉。我当时除了敬佩外，也断了养花的心，平生最怕这些小虫子，美丽花园背后原来有着这么多的付出。

当孩子出现一些问题，我们走投无路的时候经常会用静待花开来安慰自己，实际上，很多问题在一个年龄没有解决，会带到下一个年龄。就像很多妈妈都会定期带孩子检查牙齿一样，有了龋齿要补，牙齿不齐要整。

最近带天天看牙，才发现一些牙床发育的问题还会影响面部轮廓，如果小时候不纠正将来会很费劲。孩子的行为也是一样，虽说很多是适龄行为，但不代表仅仅靠等。

比如我发现天天到了9岁，在基本礼仪上有不少欠缺，有时候说话的方式让做父母的我们很不舒服。虽说童言无忌，但如果不管，谁会教给他这些基本的礼仪呢？除了及时矫正一些不礼貌的语言，我还买来一些礼仪相关的书籍，每天在饭桌上分享一部分，帮助他也帮助我自己。

花什么时候开就是花的事儿了

我的个人成长鼓励小组的小敏说到了一件奇事，她的儿子嘟嘟买了一种花叫白晶菊，说明书写3周开花，但是养了很久都没有开，但她儿子还是每天悉心照顾，后来叶子都被修剪掉，只剩下两根小棍儿，再到后来，其中一根小棍儿也死掉了，但是儿子还是一直浇水照顾。在种了一年的时候，到了2月14日情人节那天竟然开了花，我想，开花当然很开心，但我又想嘟嘟更享受这一年来照料白晶菊的过程，而不仅仅是结果。

有的时候我们做家长的功利心太强，希望投入必有产出，如我们给孩子报了很多兴趣班，花了钱，花了时间，不自觉地期望孩子能在这些方面有成绩。天天4岁多学游泳，每个星期都会游一两次，掌握了3种泳姿，水性很好，但他游了4年，速度还不如有些只游了半年的孩子快。他后来希望把周末的游泳课停掉，我们也尊重了他的选择。人的天赋各不相同，真的不是有输入必有输出的，如果计较得失，计较这4年来花的金钱和时间，家长就会觉得亏，但是回想这4年来每个周末我们都开车带他去游泳，一路上聊天、听故事、听歌，充满了幸福感。看到他在水里像条鱼一样自由自在，我也充满了羡慕，至少我们帮助他具备了水中求生的能力。

再说我在前面举的阅读的例子，我曾经不明白，为什么我从天天10个月开始就给他读书，他不能像别的孩子一样，自然而然地就对识字发生兴趣，后来回想我的初心，来自松居直的书《幸福的种子》给了我启发：

"念书给孩子们听,就好像和孩子们手牵手到故事国去旅行,共同分享同一段充满温暖语言的快乐时光,即使经过几十年,我们仍然以自己的方式,将这些宝贵的经验和美好的回忆珍藏在内心深处。"

是啊,那每一个睡前读书的幸福时刻,对于我,对于天天都是无可替代的美好记忆。

做园丁的,既不必把孩子的所有的失败都揽到自己身上,也别把孩子的成功都归为自己的付出。

就像嘟嘟的白晶菊一样,哪天开花谁也不知道,我们养育孩子也一样,将来他做什么工作、过什么样的生活都是我们无法控制也无法预料的。

我们只是尽了做园丁的本分,花开成什么样子,其实还有一只命运之手在操盘呢。

4.4

变化是风,我是帆

只要人活得足够长,就总会或多或少经历那些突如其来的变化,我们不一定会经历战争和灾难,但有时即便很小的意外,也会让人措手不及。比如堵车让你赶不上一个重要约会,错失等待已久的机会;比如得力助手突然辞职,留下一大摊子未完成的事情让你措手不及;比如一场不请自来的疾病,还有亲人的离去,婚姻的变化,很多妈妈说可能因为早晨的一点小冲突,一天都情绪低落……你计划得再周全,可能最后都会被这些变化打乱。

我们或多或少看过名人传记或者各种名人采访,他们经历的苦难总是一个重要的话题,我们听了会一时热血沸腾被激励,但是回到日常生活,我们还是不知道如何去面对这些大大小小的颠簸。苦难没有大小,你觉得大就是大。

1. 是福还是祸,还是在自己

> 实际上伤我们最深的,既不是别人的所作所为,也不是自己所犯的错误,而是我们对错误的回应。就仿佛被毒蛇咬伤后,一心忙着抓蛇,只会让毒性发作更快,倒不如尽快设法排出毒液。
>
> ——史蒂芬·柯维(《高效能人士的七个习惯》)

这次去波士顿见到了女儿发小的妈妈,我说起女儿青春期的各种叛逆,包括最后的辍学以及独自在美国生活的各种波折,她说我的心理真是强大。我说,我本性当然希望人生一帆风顺,我也惧怕一切冲突和苦难,可是事情来了,日子总还是要过,哭着要过,笑着也可以过,来了的都躲不过。

但是最重要的人生功课是,那些看似糟糕的事情,几乎百分百都给我们带来很多收获,有的时候还是非常大的收获,这段话看起来很"鸡汤",但生活确实如此。一路走来,对于这些生活中突如其来的变化,我从害怕,到不得不接受,到后来有预期,再到后来我懂得那是人生的常态,再后来是真心地拥抱所有的不确定性,因为那都是机会。

妈妈小故事

我的个人成长鼓励课程里有一个妈妈,她是年销售额过亿的女装品牌创始人和设计总监。她很喜欢我的课程,两个月后又来上我的课,她告诉我这两个月里她离婚了,自己带一个3岁的儿子。在接下来的半年里,我几乎每天都能看到她的分享,分享她的学习收获,分享育儿体会,分享她的人生感悟,充满了感恩，充满了正能量。她的行动力也是惊人，她不仅开设和时尚相关的课程，还做一对一咨询，还讲家长课。

我和她聊起做单亲妈妈的生活，我想听听她是如何适应这样的变化的，听完之后，我觉得这活脱脱就是我这本书的前4个章节。

这是我的选择

很多人面对婚姻的变故都会不停地问："为什么是我？"而她没有半句抱怨，在她看来，无论结婚还是离婚，无论谁先提出离婚，其实这都是自己的一个选择，需要自己来承担责任。

我接纳一切现实，接纳自己

她不纠结离婚带来的缺点，不回看，不比较。她把孩子爸爸当作养育孩子的合作伙伴，共同目标是陪伴孩子，不去挑剔他的问题。她自己不再依赖，更加独立，原来不擅长家务的她，现在可以一个人洗衣做饭带孩子旅行，完全不成问题。

给自己充电是最好的连接

她会找时间给自己充电，去学习去上课，她享受和孩子在一起的高质量陪伴，心态上保持平静，不给自己心理压力，过好每一天。

面对改变，想下一步

她和孩子爸爸提前约定好每周陪伴孩子的时间，让孩子和爸爸保持亲近的关系。她开始学习时间管理，工作生活两不误。

现在回到我在这一章开头提到的美国之行，当这个小意外发生的时候，我果断地去想下一步。我联系两所学校看能否有机会给我们，一所学校的老师专门到学校见了我们，一所学校拒绝了我们，但我还不死心，我告诉他们我可以改签机票。果然，两天之后，学校有一个空缺的时间给我，天天和爸爸回中国，我一个人再次来到波士顿。

这一次我住在著名的波士顿公共花园对面，这个花园就是著名绘本

《给小鸭子让路》的故事发生地，花园里面还有那些小鸭子的青铜像。温度竟然一下子回升到17℃，我有机会见识了一个历史感和时尚感融合得极度完美的城市，难怪很多人都说波士顿除了冷什么都好。

在人生中我们不止一次地发现，天无绝人之路，所有的意外都给我们带来意料不到的机会和收获。你越是不再非此即彼，越是保持开放的心态，竭尽全力去争取，但对结果不强求，生活就越少焦虑。就好比我费尽力气到了那所私校，才知道8个名额有60个孩子在申请，其实天天被录取的希望是非常渺茫的，但我好像没有什么焦虑，人生的每一种结果都有可能是一种惊喜呢。

每日一小步

变忧虑为行动

我们每天都有可能遇到各种困难和意外，抱怨两句，焦虑一下，甚至哭一哭都是可以的，允许自己发泄一下，只是尽量别殃及亲人就好，那么哭也哭过了，愁也愁过了，现在问自己：

提问　我的下一步是什么？

有的时候，我们要去做一些决定，但结果很难预料，有可能成功有可能失败，这个时候很多人会踟蹰不前，此刻还可以问自己：

提问　如果计划A不行，我的下一步是什么？

更多的时候，我们已经尽最大努力，但生活不是线性的，它不一定会给我们期待的结果，这个时候还可以问自己：

提问　生活给到我的还有可能是什么？

然后，去拥抱一切可能。▲

2. 上天的厚礼——我与肿瘤擦肩而过

这是我在2016年6月30日写的一篇日记。

做完手术已经一个礼拜了，前前后后一个多月，期间各种感受，而我也难得在这两个星期里不用当妈，也不用当讲师，日程表上零安排，能有心境坐下来写写，因为不写下来就会忘了。我既不希望我今后的日子如履薄冰，也不希望自己好了伤疤忘了疼，那样就辜负了自己，所有的痛苦都白白经受了，我需要梳理梳理自己。

一波三折的看病之旅

一个多月前发现一些身体的异常，去看医生，做B超什么都没看出来，于是换了家医院，B超诊断为一个肿瘤，医生说恶性比例8%，不用担心。虽然只有半个绿豆大小，但我忽然觉得身上多了个定时炸弹。

我在一片茫然的状态中快速地回顾了一下自己的一生，结论是：我的人生没什么遗憾，我清楚自己想要什么，我做了我想做的事，我扔掉了我不想要的东西，我对自己拥有的一切都很知足。只是，只是我觉得比死更可怕的是痛苦而低质量地活着，想起要无数次往返医院，还有放化疗等事情让我不寒而栗，我知道这样的想法是懦弱的，但我确实害怕。

医生建议再做一个检查，但是我被告知检查条件不充分，要继续等，于是我继续着我的生活。讲课，我有手头正在进行的低龄班、青春期班、青春期讲师班，还有一个南京的鼓励咨询师班；陪天天，陪他弹琴、写作业、带他去课外班；继续规划带天天去美国过暑假的行程，机票早就买好，在美国的房租也付了订金，美国的夏令营也报了一个，大概心里一直惦记这件事，所以没敢把5个星期的夏令营都报满。

南京的课程是我上半年的最后一个班，南京归来，也就是在距离去美行程不到一个星期的时候我又一次去了医院。这次看的是另一个医生，医生说恶性的可能性有80%，尤其是在我这样的年龄，应该手术。我回到车里一边哭一边给在香港出差的老公打电话，虽然表面上我还在淡定地做我的讲师，做天天的妈妈，但这种对不确定的恐惧一直伴随我已久。只是最怕听到的还是会听到，该来的躲也躲不过。

于是我又去了第3家医院，这位医生客观、理性，我把所有可能性询问了一遍，其实就是想知道如果恶性该怎么办，得到的答案给予我信心和力量。回到家又咨询了在美国做医生的大学同学，对手术、检测包括术后治疗有了初步的了解，于是取消了去美的行程，给天天在北戴河找了个住宿夏令营，我也在一周之内住进了这家医院。

等待、等待、等待

等待是最令人煎熬的，因为结果的不确定性，我们从小到大经历过很多等待，等待高考成绩、等待工作面试、等待分娩……而这次我等待的是人生的考试。

5月16日：B超结果诊断肿瘤，等待进一步检查。

6月14日：住进医院，等待手术。

术前谈话，医生说因为瘤子太小，有可能开刀后找不到，我问那怎么办，医生轻描淡写地说，找不到就缝上呗。

6月16日：手术台上，局麻，电刀在身体上划过，等待手术快快结束。

回到病房，等待冰冻活检结果来决定是否需要返工。

接下来是等待疼痛的减轻、等待拆线、等待出院。

6月20日：出院回家，等待最终石蜡活检报告。

6月22日：石蜡活检结果报告良性，但已经有上皮细胞活跃迹象，也就是说幸亏及时地做了手术。

在这前后1个多月的大等待和小等待过程中，面对未知我觉得自己好渺小。庆幸的是我及时悬崖勒马没有陷入上网搜索的漩涡，那些似是而非的信息基本能把一个正常人吓个半死。庆幸的是我有爱，庆幸的是我有自己喜欢做的事情，庆幸的是我身边有很多比我坚强的朋友，庆幸的是我没有乱了阵脚，把我该扮演的角色继续下去……这一切都帮助了我。

做自己喜欢的事情是最大的安慰

在手术前的这段时间里，因为一直不能做进一步的检查，而且也无法确定什么时间做手术，于是我还继续着我的课程。我有5个班在进行，虽然我的学员们对我的病情一无所知,但我特别感恩她们陪我度过这段时光。每次去上课我都要把自己打扮得漂漂亮亮的,上课让我百分之百地投入其中,真是如阿德勒所说,社会化才真正能给人带来价值感。每次听到大家分享课程给她们带来的改变,每次看到她们眼睛里闪烁的光芒时,我都感觉到深深的满足感,这也让我忘掉自己的焦虑和恐惧。

那些生活中的勇士,就在我的身边

当我的一些朋友知道这件事情时,出乎意料的是,她们都用亲身经历给了我最大的鼓励。一个从未谋面的朋友告诉我她在十年前得了乳腺癌,但她说那是上天送给她的一份厚礼,从此她的人生走上了正轨;还有的朋友经历过抑郁症、宫颈癌,但今天仍然能坚强地快乐地经营着自己的家庭和生活;还有朋友因多发子宫肌瘤被医生定罪为不能生育,但最终争取到做母亲的权利,付出的代价是大出血肠梗阻,但她依然乐观和努力……很多个夜晚我在微信的这端听着她们的讲述,深深地被她们打动,由衷地感到敬佩,她们给予了我力量。

扮演好自己的角色

有一个朋友说前一段还见到我带天天去学琴,她看到我还是神采奕奕,我说那个时候已经决定手术了,她说怎么没看出来,呵呵。其实无论发生了什么,日子还是要过的,我们在人生中扮演着不同的角色,即便你搞砸了一个角色,不代表要搞砸所有,对吧。

我的一个重要角色就是天天的妈妈,而且没人可替代,如果真要是恶性,培养天天的独立尤为重要。我要住院,天天正好放暑假,所以其实蛮有挑战性的。既来之则安之,我和天天一起做了暑假惯例表,内容包括:弹琴、公文数学、英文阅读、健身、自由时光、中文作业、看电影。我知道如果不能把他的日常生活安排好,接下来会给其他家庭成员比如爸爸、阿姨带来很大的麻烦,而且惯例让孩子更有安全感。周三住院,我带着在天天周一、周二一起做了两天暑假安排,然后我才安心地住进了医院。

在等待的日子里我不得不放手,于是天天有机会自己练琴、做数学、读书,他也第一次离开家去上了住宿夏令营;在等待的日子里朋友送来美剧帮我打发医院里的时光,我开始看一个女主角名字和我英文名字同名的叫Alicia的美剧,想看几集就看几集,不用惦记还有很多事情在等着我,我被迫慢了下来；在医院等待的日子里我还放纵自己点了许留山当作晚餐，一贯自律的我也对自己宽容了……

记得局麻手术结束后回到病房等待冰冻活检报告，医嘱不能吃任何东西，因为如果是恶性就有可能返工需要全麻。局麻手术的过程如同坐过山车，要经受一关又一关的疼痛。我躺在病房的床上余惊未了，继续等待，30分钟后呼叫器里传来护士的话："11床，你可以吃饭了"，虽然伤口还在剧痛，但我喜极而泣，手术很成功，而且很幸运有两位高水准的大夫主刀，我终于通过了一次人生考试，除了感恩还是感恩。

为什么是我？

很多人都会对这个问题感兴趣，我这样一个健康饮食、规律健身、不抽烟不喝酒不熬夜、自律、积极向上、生活幸福的人为什么会长东西。其实所有发生了的都是无法更改的，而且世界上几乎没有一件事情是简单的因果关系，所以不会有答案的。但我还是问了3遍，第1遍是在医院的门诊，大夫说后面好多人等着，没时间回答；第2遍是在手术台上，因为是局麻，为了减轻痛苦转移注意力我又问了1遍，医生的答案我已经记不清了，但至少帮助我转移了痛苦；第3遍是去复查的时候在医生办公室问的，我得到的答案是60%来自于基因，剩下的40%才是我们通常说的生活方式包括饮食、环境和情绪等。

其实弄明白为什么确实意义不大，我们在这个世界上的这几十年，不论你愿意与否，一路走来，命运毫不留情地在我们的身体和心灵打上了无数烙印。今天的乐观强大，是背后无数生活的磨炼所造就的，与其非要捕风捉影找出一个原因来谴责自己或者别人，莫不如关注当下和未来，何必给自己再添一个新愁呢。

因祸得福——没有待办清单的日子

出院回到家，天天两周不在，因为伤口还在疼所以我基本不出家门，人生似乎一下子多出来两个星期的自由时间。在这两个星期里我没有任何角色需要扮演，我可以练习一首我喜欢的曲子，我可以睡任意时长的午觉，我可以坐在窗前发呆，我可以写点东西，没有期限催着我，我可以无限制地修改，也可以什么都不做，这些都是久违了的感觉。好奢侈，人生的列车没有按照既定的轨道行驶，但却把我带到了另一处风景，想起朋友说的话，这是上天给我的一份厚礼。

复查的时候医生的话我还记着:"好好活着。"

就在我拿到最终活检报告良性的那天,我看到了朋友圈上的一篇文章:

Life is just moment
Live it
Love it
Enjoy it
生活就是一个个的瞬间
经历它
爱它
享受它

4.5 计划vs变化

"王老师,孩子小学一年级,我和孩子一起做了日常惯例表,把每天回到家的时间安排得很紧凑,但也都留出他可以玩的时间,而且我告诉他,早做完作业玩的时间就更多,但坚持了几天,这个方法就不管用了,日常惯例表也形同虚设。"

我们小时候都做过暑假计划,密密麻麻写得看起来很完美,但结果是开始几天完成个9成,接下来变成7成,再变成5成,到最后就连这张纸都找不着了。

计划不能执行的原因有很多,常见的问题有下面两个。

1. 计划是基于我们的理想期待，而不是基于现实

一年级的孩子对时间的长度还没有很具体的感知能力，同样对于完成一项作业到底要花多长时间也没有概念。想得挺美，数学15分钟，语文15分钟，做父母的也觉得这两页纸15分钟足够，这是期待。但现实是写数学的时候发现找不到橡皮，写语文的时候发现找不到字典，或者根本不知道今天留了什么作业，写着写着要上厕所，所以原定15分钟的作业，30分钟完成都算快的。

所以和孩子一起制订计划的初期，要先去观察一下孩子做每项作业最多花多长时间，最少花多长时间，然后再一起制作计划，可能用着用着发现还是不合理，那就毫不犹豫地继续修改。

2. 人的意志力不是持续稳定的，它在不断消耗

有时候我们发现孩子做作业开始时很麻利，越到后面越慢，这让我想起了著名的斯坦福脏袜子实验。

20世纪70年代，斯坦福大学心理学家达里尔·贝姆（Daryl Bem）做了一项实验。它假定"按时做作业"与"穿干净袜子"这两个行为都是有责任心的表现，但是，当他从斯坦福学生那里收集大量数据并进行分析后，吃惊地发现，学生要么按时做家庭作业，要么每天换袜子，但是不会既按时做家庭作业又每天换袜子。

接下来很多心理学家还做了各种实验来研究意志力，他们得出的结论是意志力是会被消耗的，人的意志力不可能从早到晚都是满满的。这就好比我们自己在完成一项艰巨的任务期间，会更容易吃不健康食品，疯狂购物，发泄自己的脾气，因为艰巨的任务已经消耗了我们的意志力。

回到小学生写作业这件事情上，一个孩子的意志力还在萌芽阶段，可以说是意志力非常薄弱的时期，对于容易做的作业可能可以很开心地做

完，但是对于复杂的、枯燥的、困难的作业，完成后基本就消耗完他们所有的意志力了。如果接下来又是一项困难的作业，可能他们的效率会跌到低谷，平时30分钟能完成，此刻1个小时还要哭天抢地抹泪都写不完。而家长则心急如焚，各种催促和批评，这就如同最后一根稻草，孩子的意志力可能会因此消耗光，很容易对自己没信心，从而放弃。

方法

- 在作业顺序上把难度大的作业错开，中间穿插有趣的轻松的作业或者活动。
- 不求面面俱到，也许最近的重点在数学，语文就先不要要求过高。
- 给予孩子即时的鼓励，尤其鼓励他为此付出的努力，而不是结果。
- 把责备、唠叨咽回去，没有完成，不是孩子故意的，所以责备只能把剩下的一点点意志力都消耗光。

第 5 章

我不是孩子人生拼图的主人
——放手

5.1
放手是早晚的事儿

> 这个世界上所有的爱都以聚合为最终目的,只有一种爱以分离为目的,那就是父母对孩子的爱。父母真正成功的爱,就是让孩子尽早作为一个独立的个体从你的生命中分离出去,这种分离越早,你就越成功。
>
> ——英国心理学博士西尔维娅·克莱尔

我在家长课的最后一节课都会问一个问题:

提问 有哪些事情孩子有能力做,而且很安全,但你却总是死死抓住不放手?

这些事情首先一定是符合孩子年龄和发育阶段的,并且是安全的,比如我们显然不会把"让5岁孩子单独过马路"放在这个清单里。每次我问这个问题,家长们都要想半天,他们甚至从来没有想过,或者说觉得不是个问题。很多人总觉得生活琐事,孩子早晚都能掌握,现在替孩子做做,不是什么大事儿,把学习搞好是关键,其他的都好说。

慢慢地,家长们开始你一言我一语,"不放手"清单很长,比如:

- 孩子会吃饭,但家长还是要喂饭。
- 替孩子收拾玩具。
- 和小朋友发生冲突,妈妈去找对方家长解决。
- 孩子已经上小学,但早晨还是妈妈给穿衣服。

- 帮孩子收拾书包、拿书包。
- 老师有点凶，妈妈送礼搞定。
- 不停地催促孩子写作业。
- 找借口去孩子房间拿东西，突击检查孩子有没有在玩游戏。
- 孩子已经参加工作，还要妈妈每天早晨叫醒他。
- 孩子已经成年，还要靠父母养活。

这里面很多都是生活小事，偶尔为之也不是什么原则性的问题，但当我们看到最后一个不放手——孩子已经成年，还要靠父母养活。其实有些心酸，高能力的父母培养出一个低能儿，我相信这是每一个做父母的都不希望看到的结果。但环顾四周，这种情况在生活中并不少见，虽然老话说"孩子无论多大在父母眼里都是孩子"，但如果一个成年人一直把自己当孩子，那就是问题了。

因为工作和孩子的缘故，我经常在三类家长群体里活动，低龄、青春期、成年，我能在一天之内看到孩子成长的各个阶段，以及家长在孩子不同年龄阶段的心理状态。

对于低龄孩子，孩子的一切行为，几乎都在爸爸妈妈的监控之下，因为咱是监护人啊，理所应当事无巨细地管控；到了青春期，孩子想尽一切办法逃脱父母的控制，越是禁区越想尝试，父母是真不敢放手，也不想放手；而我的大学同学和中学同学，已经有空巢的了，以过春节回家来"威胁"孩子是很多做父母的最后的撒手锏了，做奶奶做姥姥是下一步，这个时候再不放手就该引发婆媳大战了。

有了这样的剧透，你会知道对孩子放手，那是早晚的事儿，不以我们个人意志为转移。但没有事到临头，大部分家长觉得还为时尚早，况且，很多人把放手和放弃画等号，所以能不放手就不放手。

1. 包办代替，就像一生都在给孩子用学步车

做父母的，把一个没有生存能力的成年子女赶出家门，这样的放手会是非常艰难的决定。但是倒退20年，让会吃饭的孩子自己吃饭，虽然会吃得到处都是饭粒，虽然有可能吃不饱；让孩子自己穿衣服，虽然有可能会慢，会穿错；让孩子自己管理作业，虽然有可能少写一项，虽然有可能写错……这些事情的难度，相比于前面的则要容易得多得多，即便过程中有点小失败，我们也都承受得起。最重要的是，孩子在我们一步步的放手中构建着自己的能力和抗挫力，这些能力让他最终能在社会上立足，让我们能够放心地放手。

扪心自问一下：

提问 我们到底和孩子是什么关系？
我们在孩子的人生中到底扮演着什么样的角色？

这个问题的答案见仁见智，但此刻在读这本书的妈妈们，包括我自己，我们显然不希望自己只是孩子的一个保姆而已，更不愿意成为孩子的终身保姆。

我们希望能成为孩子生命中的引领者，我们甘愿付出时间、金钱、精力，最终希望孩子成为对社会有用的人，希望他们成为自己生命的主宰者，当我们能坦然地、放心地把孩子交给社会、交给他自己，那个时候我们做父母的任务也就算圆满完成了。

每一个孩子从出生的那一刻开始，就在构建着自己的人生信条，他们在和世界的无数次接触中不断回答着这3个问题：

(1) 我怎么样？

我是好的？坏的？我能行？我不行？

(2) 这个世界怎么样？

安全的？充满危险的？其他人是友好的还是有敌意的？

(3) 我该怎么做？

我是仅仅能够勉强在这个世界里生存，还是能够不断绽放自己？

最后这个问题的答案是指引孩子一生的人生信条，也就是阿德勒个体心理学中所说的私人逻辑。孩子如何回答第3个问题，是基于第1个和第2个问题的答案的基础之上的，如果一个孩子觉得自己是有能力的，这个世界是安全的，其他人是友好的，那么他就会对自己充满自信，他会不怕失败，他会让自己不断地绽放；反之，如果一个孩子觉得自己是无能的，这个世界是危险的，其他人是有敌意的，他可能会退缩，会依赖他人，他会觉得我只能得过且过。

孩子来到这个世界，带着无所畏惧的勇气开始了第一声啼哭，从这一刻开始他们就要面对自己的人生了，学爬怎么爬不动，学走路怎么会摔跤；进入幼儿园，要面对不同的老师和同学，幼儿园的饭菜可能不可口，老师有可能有点凶，小朋友有时候还会打人；上小学，作业很多，还要上各种课外班，考试成绩不好老师还要批评；青春期到来，好朋友之间也总是分分合合，升学压力在即，人生一下子开始迷茫，不知道自己是谁，将来能做什么。

正是这些和真实世界打交道的一点一滴的经历，让孩子形成对自己的认识，做父母的出于好心，用自己高大的身躯把真实世界挡在门外，唠叨、提醒、包办、代替、威胁、责骂，孩子会得出什么结论？是"我能行"还是"我不行"？当有一天，我们不得不退出孩子的生活时，他拿什么去面对真实的世界呢？你都替他做了，他如何学会自己做？

我们看看这个例子，如果站在孩子的角度来看，想想他会如何回答这3个问题？

例 孩子6岁了，每天早晨都是在睡梦中由妈妈把衣服穿好，然而还是每天迟到。

(1) 我怎么样？

我是好的？坏的？我能行？我不行？

我每天都起不来，我不想自己穿衣服，我不行。

(2) 这个世界怎么样？

安全的？充满危险的？其他人是友好的还是有敌意的？

这个世界是个不太友好的地方，我每天迟到的时候都很尴尬，小朋友都已经开始做活动了，我不知道怎么能跟上。

(3) 我该怎么做？

我是仅仅能够勉强在这个世界里生存，还是能够不断绽放？

我要靠妈妈来帮我，我不知道我自己怎么解决这个问题。

前几天看到一个报道，加拿大卫生部于2004年7月发布命令：严禁销售、广告宣传和进口婴儿学步车，就是二手货也不能在市场上销售。在加拿大，一旦拥有或销售婴儿学步车，根据情况，有可能会被处以高达10万加币的罚款。本来学走路是每个婴儿都需要经历，并且最终都能做到的事情，学步车看起来是保护孩子不摔跤，但它实际限制了婴儿的正常发育。婴儿坐在学步车中，被束缚在狭小的空间里，失去了通过手、脚、嘴去探索世界的机会，也失去了自主学习走路的过程，这有可能影响孩子肌肉的发展，可以说是好心办了坏事。

学走路对于一个婴儿来说可以说是一件非常大的工程，但是，每个孩子最终都能迈出人生的第一步，其他事情也是一样的，孩子比我们想象得要强大很多。我们的包办其实就如同学步车一样，阻碍了孩子的自我成长。

2. 你为什么不敢放手

不放手的事情没有大小，在过来人眼里看起来很简单的事情，比如吃饭、穿衣，当事人却觉得极难放手。回到刚才我们讲到的例子，孩子6岁，几乎每天早晨都是在睡梦中被妈妈穿好衣服的，然而还是经常迟到。家长班里的家长们出了好多主意，比如提前一天把衣服摆放好、上闹钟、让孩子自己承担后果，但半年过去了，这个妈妈告诉我一切还是照旧。

提问 为什么一件看起来很小的事情，真正放手却这么难？

不能放手，虽然原因各不相同，但总结一下，有这么4种类型：

结果控

这类家长能力很强，效率很高，见不得孩子磨磨蹭蹭，所以大包大揽替孩子做了，比如孩子收拾书包可能丢三落四，要用十几分钟，于是爸爸1分钟搞定，这样就什么都不耽误。

过程控

关注细节，希望孩子做事情的过程不要出岔子，比如让孩子自己吃饭，食物有可能掉到衣服上、地上，到时候还要花时间打扫，父母索性喂饭，又干净、又保证吃得均衡。

舒适控

不忍心看到孩子受累、受挫折，看到孩子写作业写到10点，替写的情况也时有发生；看到孩子因为练琴而哭闹，一不忍心索性让孩子放弃，但这不是我们所说的真正意义上的放手。

取悦控

这类家长最在意别人的眼光，在意别人怎么看待孩子看待自己，所以会强迫孩子分享，强迫自己的孩子在玩耍的时候让着其他孩子。

我曾经是一个舒适控，我特别怕孩子受挫折，记得女儿小时候学琴和学芭蕾，她说不喜欢想放弃，我就同意，因为我怕她因此不快乐。记得她在我身边的时候，家里有阿姨，出门有我接送，可以说她的日子很舒服。如今女儿妮妮去美国已经4年了，这4年，我不知道她每天几点起床、几点睡觉、吃什么、有没有迟到、有没有按时完成作业、结交了什么朋友。她在一个陌生的国家生活，走了很多弯路，经历了很多挫折，慢慢地开始独立思考，从此开始改变自己的命运，这些改变来自她离开我的那一刻。

作为妈妈,我在想,如果时光倒流,如果我能重新养育她,我一定会在最开始就一小步一小步地放手,这样当她离开我的时候不用去经历如过山车般的惊悚的挫折,就已经准备好面对这个真实的世界了。当然,这只是一个做母亲的美好愿望,我们只能尽自己所能帮助孩子成长,很多苦该吃的还是要他们自己吃。

每个人的软肋不同,但又都有着一个共同的特点:我们一直关注短期目标,也就是如何尽快把眼前的事情搞定,不要迟到、把饭吃完、作业按时上交、大家都开心、不在外人面前丢面子……但这样做忽略了一个更重要的目标,也就是我们的长期目标:我们希望孩子有能力在这个世界上立足。而我们的种种包办、代替,恰恰阻碍了孩子构建自己能力的过程,也就是说,我们的所作所为其实和终极目标的实现是背道而驰的。

每日一小步

放手一小步

找一件你不能放手的事情,问自己几个问题:

(1) 我害怕什么?

a. 结果控——结果不满意

b. 过程控——过程不满意

c. 舒适控——怕孩子吃苦

d. 取悦控——怕别人不开心

(2) 孩子想要什么?

a. 容易

b. 自由

c. 掌控

d. 好玩儿

(3) 如果找出放手的最小的一步，是什么？

如果需要咬紧后槽牙才能做到，说明步子太大了哦。

例 每天早晨都要给6岁的孩子在睡梦中穿衣服。

① 我害怕什么？

a. 结果控——<u>结果不满意：孩子穿得太慢</u>

b. 过程控——过程不满意

c. 舒适控——<u>怕孩子吃苦：怕孩子没睡够</u>

d. 取悦控——怕别人不开心

② 孩子想要什么？

a. <u>容易</u>

b. <u>自由</u>

c. 掌控

d. 好玩儿

③ 如果找出放手的最小的一步，是什么？

对于一个在意结果的父母来说，你让他放弃结果很困难，每天早晨把衣服摆放好对于他们来说太耽误时间；对于一个看重舒适的家长来说，让他把孩子生硬地叫醒也实在不忍心。

我给出的建议是：每天晚上记录孩子上床的时间，然后观察一下孩子到底需要睡几个小时，慢慢调整上床睡觉的时间，让孩子尽量能够自然醒，在这段时间内想给孩子穿衣服还可以继续。▲

3. 放手不是放弃

> 儿童的动作能力，无论是爬行、步行，甚至抓起铅笔，都是我们所能设想的最难的工程问题。我们可以让计算机与我们时代最聪明的人下象棋，但是让一个孩子成功学会如何行走或爬行却仍然是个挑战。
>
> ——史蒂夫·平克（《语言本能》）

接下来家长们经常会问，难道我就撒手不管吗？眼看着孩子迟到我也迟到？眼看着孩子完不成作业挨批？眼看着孩子考试不过关？眼看着孩子迷恋游戏最终成网瘾？当然不是，因为放手不是撒手不管，不是放弃！

古人云："故天将降大任于斯人也，必先苦其心志，劳其筋骨，饿其体肤，空乏其身……"我们从励志文章中看到的是，很多人经历常人难以想象的痛苦最终成才。但是，作为一个普通的母亲，我们也许并不期望孩子将来经历这么多的磨难，也没有指望孩子成为拯救世界的英雄，我们更多地希望他们成为一个幸福的人，同时又是一个对社会有贡献的人。所以真的做不到把孩子扔到"丛林"里，劳其筋骨、饿其体肤，让他自生自灭，如果说有一天不得不放手，我们希望自己能够放心地放手。

提问 那么如何能够放心地放手呢？

还记得孩子学走路的过程吗？对于小婴儿来说，那可是个大工程。孩子不是生下来就会走路的，他要经历坐、爬、站、扶着东西走、牵着我们的手走这些过程，直到有一天，他忽然能挣脱我们的手迈起大步了，回顾孩子掌握的每一项技能，都有两个阶段。

放手前的准备和放手后的淡定。

孩子的成长就是由无数个小小的放手组成的，小到自己吃饭，大到离开家去上学。作为孩子，每一个微小的独立都给他们带来信心，作为家长，从微小的放手开始，让咱的小心脏慢慢地过渡，等到最后的放手，也许会给你带来不小的轻松感呢。

5.2 放手前的准备

> 真正的理想主义往往在激情之后。它不是夏日的骄阳，而是秋光的明亮，它要经受时光煎熬和磨砺，要能够接受甚至融入平和、平凡、平淡甚至看似平庸的生活，从容但倔强地蜿蜒，在不经意中成就自己。
>
> ——苏力《走不出的风景》

提问 如果说做父母的终极目标是让孩子成为一个有用的人，那么我们在这十几年的养育时间里应该做些什么准备呢？
更关键的是，我们这些平凡的父母有能力做些什么呢？

今天早晨在大学同学群里看到一个爸爸写的育儿心得，爸爸是北大毕业，女儿高中曾在美国的竞赛上拿过大奖，去年考上了哈佛。这个爸爸分享了很多篇养育心得给我们，从培养孩子阅读、写作、学数学，到参加竞赛，我们都不禁赞叹，这样的父母有智慧、有远见，我们看到了父母从孩子出生那一刻就开始的良苦用心，看到了十几年的坚持，而孩子最终也达到了甚至超出了父母的期望。

但我同时也在想，估计很多家长看了都会惭愧和内疚吧，我们可能都错过了很多孩子成长的黄金时机，而时光不能倒流。养育孩子从来就不是从A直接推导出B的过程。家庭环境、父母的助推和孩子本身的天赋缺一不可。

我们在媒体上总是能见到一些非常不凡的父母，他们学富五车，是行业专家，孩子在这样的环境中"熏"也熏成才了，但现实是我们大部分人并不具备这样的能力。经常听到一个说法，要让孩子成为什么样的人，我们自己首先就要成为这样的人。

提问 难道要让孩子成为钢琴家，我们自己首先要成为钢琴家吗？是不是说我们必须具备十八般武艺，才能去培养自己的孩子？显然不是，那么我们这些普普通通的父母，能做些什么？

1. 培养孩子的两大核心能力

在这里又回到两个最基本的问题：

提问 你希望孩子成为什么样的人？
你希望他具备什么样的能力？

每次我问这个问题的时候，家长们争先恐后，很快就写了满满一大张纸。阳光、健康、自律、善良、独立、善于与人交往等，每个人的期望都不完全一样，我看着这一堆美好的词汇，其实归纳起来就是两种能力：自我管理的能力和与人相处的能力。

回过头来看，我们在这一章开头列出的不放手清单，造成家长不放手的原因也是这两类能力的不足。

自我管理：

自理

- 孩子会吃饭，但家长还是要喂饭。

- 孩子已经上小学，但早晨还是要妈妈给穿衣服。
- 替孩子收拾玩具。
- 帮孩子收拾书包、拿书包。

自律

- 不停地催促孩子写作业。
- 找借口去孩子房间拿东西，突击检查孩子有没有在玩游戏。
- 孩子已经参加工作，妈妈还要每天早晨叫醒。

与人相处：

和同龄人之间的关系

- 和小朋友发生冲突，妈妈去找对方家长解决。

和权威的关系

- 老师有点凶，妈妈送礼搞定。

自我管理+与人相处：

- 孩子已经成年，还要靠父母养活。

自我管理

如果这个世界上每个人都能管好自己，爱惜自己的健康，爱惜自己的心灵，对自己负责，遵纪守法，发挥自己最大的潜能，这个世界是不是已经很美好了？我们都不需要什么超级英雄来拯救世界了。如果你是个巨大的发光体，你自然就会影响更广泛的人群，也不排除影响整个人类；如果你只是一个小小的发光体，照亮自己，照亮身边的人，也能收获完满的人生。

孩子们的知识结构大部分在学校习得，所以做家长的，我们并不是只有掌握义务教育十二年的所有学科才能教孩子，因为这个也不是我们的职责，但是学习如何管理自己，比如自理、自律、自我修复等，很大程度来自家庭教育。不需要什么惊天动地的事情，每日生活的点滴，处处都是孩子学习的好机会，我们每一个家长都能做到，而且这个过程也是我们自己修行的过程，它不是高难度的事情，毕竟，这不是学习高等数学。

与人相处

人生在世总是要和人相处的，这是我们的情感归属和需要，小到配偶、父母、兄弟姐妹，大到团队，再大到更广泛的社会群体，有的人适合做个领导者，也有的人更适合做个追随者，有的人喜欢结交很多朋友，也有的人只有三五好友就满足。

孩子出生后的第一声啼哭，就是与人相处的开始，他们还不会说话的时候，就已经能让全家人围着他们团团转了。等走进幼儿园，他们就开始和家庭以外的社会相处了。与人相处没有专门的课程，孩子们大部分从观察和摸索中习得，而我们每日的言传身教在其中起着很关键的作用。

2. 自我管理，从小习得

我们在生活中见到一些孩子经常丢三落四，一般来说这样的孩子也会有其他的比如不专注、拖延等问题，在漫长的学校生涯里，这些问题给孩子带来无数困扰，影响他们的自信和表现，还有的会延续到成年，比如反映为不能按时完成工作计划、信用卡透支等。当然，这里面有很大程度的原因是来自天性，有的天性有条理一些，有的人随意一些，各有千秋，并不需要每一个人都整齐划一得和消防队员一样严谨。但我们都希望孩子能尽可能地管理好自己，不用手忙脚乱过一生，这样才可能有更大的自由去实现自己的梦想。

自我管理的内容很多，我把它分为两大类：自理和自律。

自理——自己的事情自己做，自己的物品自己管。

自律——知道边界在哪里。

帮助孩子习得自理和自律，我们可以做三件事。

第一件事　从环境做起：有自由、有边界、有价值

有家长提出一个问题，三岁的孩子老是喜欢玩刀，怎么办？家长越是阻止，孩子越是感兴趣，群里的妈妈们给出各种方法，比如告诉孩子玩刀危险，给孩子买塑料刀等。其实最简单的办法是把刀收起来，这就好比家有满地跑的小婴儿，你不会在屋子中央摆一个火盆一样，孩子生活的环境，我们是负责人。

如果你一天到晚都在和孩子说"不行"，那就要重新检视一下孩子生活的环境。

环境是否自由？

如果家有小婴儿，那正好是一个断舍离的机会，把家里不用的陈年旧物收拾收拾都处理了，在寸土寸金的今天，房子显然不是用来堆破烂的吧。你会发现我们生活所需其实很少，否则多大的房子都不够住，腾出的空间用来让孩子充分地爬行和探索。

记得天天小的时候我们家里的地铺的是地砖，比较凉，天天一爬就拉肚子，于是我们买了泡沫垫子铺满整个地面，他随便爬，他开心我们也轻松。

环境是否有边界？

蹲下来，站在儿童的角度看看周围的环境，要知道这可是孩子眼里的世界啊。有没有潜在的人身危险，比如尖锐的利器、容易吞咽的小颗粒、家居的边角、容易攀爬到高处的阶梯形的台面、打火机、电器等；有没有不健康的因素，比如药品、化妆品；有没有充斥着各种电子产品，我们总不希望孩子最初的人生视野，看到的都是玩手机的手吧。

环境是否让孩子觉得"我能行"？

很多时候我们好像没有什么事情是需要孩子做的，家长承担了所有家庭事务，孩子一心学习即可，所以还真是要动动脑筋创造机会让孩子帮忙，比如摆碗筷、擦桌子、倒垃圾、洗衣服等，孩子越小越喜欢掺和家务，因为好玩儿啊。

第二件事　从我做起：身体力行，言传身教

无论你是小学文化还是博士毕业，无论你是一个普通的工薪阶层还是行业精英，其实都在不同层面上修炼着自理和自律，而为人父母带来的最大的益处是，我们能重新审视自己的言行，因为有一双眼睛在时刻看着我们。比如我们是如何管理自己的物品的，我们是如何管理时间的，我们的生活习惯和饮食习惯是什么样的，我们如何管理自己的购买欲望，我们如何管理电子产品……

我的女儿散养到十几岁，等我开始学习父母教育并且想对她进行引导的时候，她已经步入青春期了，也就是说已经有各种叛逆了。她有很多不太好的习惯，作业拖到最后一刻才开始赶，质量可想而知；房间乱得推不开门，因为地上堆满了东西；吃垃圾食品，一周7天，麦当劳的外卖要按8次门铃；每天抱着电脑不放，聊天、看剧……

今天的她，每周非常认真地健身3次以上，举铁举得满手是泡，身材非常健美，饮食极为自律，比4年前刚去美国时体重轻了30斤。和别人合租公寓，她的房间虽小，但收拾得很利索，还买了一个横梁安装在门框上练习引体向上，她一直是一个不太容易专注的孩子，现在也经常用番茄钟让自己专注，还学习冥想来给自己解压。

虽说孩子的成长主要归功于她自己，但我在她身上看到了太多自己的影子，当然，她和我不一致的地方一定比一致的地方多，因为一代更比一代强嘛。

我们家都是易胖体质，所以需要非常自律才能保持比较好的身材。记得生完女儿后，我开始上成人芭蕾课，一练就是十几年，生儿子的时候涨了40斤，但儿子出生后半年我就恢复芭蕾课，所以身材很快恢复。后来脚腕受伤不得不停止芭蕾课，我又扎进健身房，虽然到处讲课，但只要在北京，健身时间永远排在第一位。我从来不相信什么神奇的减肥配方，健康的饮食和规律的锻炼才是王道。女儿和我生活十几年，健康饮食是我们家餐桌上经常出现的话题，我想这在她的生活里一定是打下了烙印的，而她现在对身材的管理早已经远远超过我了。她在大学还选择了食品作为辅修课，她现在是我的偶像。

可能是自由职业的缘故，没有固定上下班时间，身兼数职，对我来说，专注地做一件事有非常大的挑战，于是我开始学习时间管理，看很多书，我把自己使用的各种时间管理小工具都分享给女儿，后来她告诉我她也是用番茄钟的方法来让自己专注的。我学了很多心理学，也经常和女儿分享，她在美国上大学一、二年级的时候也选了很多心理学课程。我们经常讨论如何面对压力，她现在喜欢的方法是冥想，在这点上她现在也是我的老师，这和当年那个经常交不上作业、早晨起不来床的青少年有着天壤之别啊！

我是人到中年才开始学习收纳整理，我经常带着女儿收拾她的房间，只不过没两天就又乱回原样了，管不了她我还是管好自己吧。我开始把家里没用的东西扔掉，减少购买，让物品归位，所以她乱她的，我整我的，反正她的房门一关上我也就眼不见为净。回头看，虽然那些年她经常在她那乱糟糟的房间里窝着，但窗明几净的大环境一定还是刻进她的脑海了，当我看到她从美国发过来的整洁的房间照片时，我真是偷着乐了好一会儿。

每个人的价值观、兴趣都不同，所以也没有什么统一的公式，不用和别人比，和自己比，我们自己变得越来越好其实就足够了。自我修炼的初衷并不是为了给孩子做榜样，对孩子是否一定有影响，谁也不敢打包票，就算对孩子没有什么影响，但修炼了自己，也是稳赚不亏的事啊。

第三件事　从陪伴做起：我做，孩子看；孩子做，我看

家长们经常很困惑，明明孩子会做的事情，怎么有时候就不愿意做呢，比如玩完玩具不愿意收拾，会穿衣服却偏要妈妈给穿。而家长呢，与

其唠叨半天生一顿闲气，还不如代劳，但代劳的结果是孩子啥也没学会，既没学会自理也没学会自律。

孩子不想做的大多数原因是这件事情对他来说还是有点难度，练习的次数不够，所以他还远远没有达到熟练掌握的地步。比如孩子玩玩具的时候摊了一地，等收拾的时候就麻烦了，对于小朋友的身高来说，这么多玩具简直就是漫山遍野，更不用说那些小小的颗粒，太难啦！

替孩子做肯定省事儿，但做父母不能图省事儿，不妨问自己：

提问 做这件事需要什么样的能力？
哪些事孩子自己能搞定？
哪些需要我的示范和帮助？

最开始的时候可能大部分需要我们来做，比如帮孩子摆好衣服、帮孩子穿袜子、喂孩子吃饭，但目标一定是逐步放手，最终让孩子做他自己能做的事情。

现在我们拿几个例子来看看，父母如何从环境做起、从我做起、从陪伴做起，帮助孩子构建自理能力，也就是说做好放手前的准备。每个家庭不同，每个家长和孩子也都有不同的无限的创意，我在这里也就是抛个砖而已。

照顾自己的身体

例如：吃喝拉撒睡

不要小看吃喝拉撒，它们来自精细动作和大运动的发育，急不得。准确地把饭用勺子送进嘴里对于一个小婴儿来说还是有些难度的，知道衣服的正反面并且把它们准确地套在身上、腿上和脚上也不是件容易的事。

吃饭

① 从环境做起：

- 让孩子坐在儿童餐椅上，杜绝满地追着娃喂饭。

- 吃饭的时候给孩子罩好不怕脏的衣服，尤其是爱干净的妈妈们。
- 提供方便孩子抓握的食物。
- 提供机会让孩子参与做饭，比如去冰箱拿个西红柿。

②从我做起：

- 远离手机，专心吃饭。

③陪伴——我做，孩子看：

- 对于孩子吃起来费劲的食物，比如米饭、面条，可以喂哦，尤其是担心娃吃不饱的妈。

④陪伴——孩子做，我看：

- 让孩子自己吃那些可以用手拿的食物，比如面包、草莓、酸奶。
- 拿一个勺子随便吃，吃多少是多少，等孩子吃不下去再喂。

穿衣服

①从环境做起：

- 购买一些和孩子身高符合的儿童家具。
- 购买孩子容易穿脱的衣服。

②从我做起：

- 把自己需要穿的衣服提前一天准备好，早晨出门不知道穿啥的情况，在我身上就时有发生哦。

③陪伴——我做，孩子看：

- 家长可以把衣服的正反面摆放好，并且给孩子示范讲解。
- 帮孩子把袜子穿上一半，留另一半让孩子自己提上去。

④陪伴——孩子做，我看：

- 睡前把第二天要穿的衣服拿出来。
- 穿妈妈摆好的衣服。

- 挑选自己喜欢的衣服。
- 给娃娃穿衣服。

管理自己的物品

例如：收拾玩具、书包、房间

管理个人物品最重要的是分类，但孩子很难有这样的常识，所以需要家长教孩子。也许很多家长自己都不太清楚如何让家里的物品收纳有序，正好一起学了。

① 从环境做起：

- 购买不同的容器来装玩具。
- 给孩子买适合他身高的抽屉柜，上衣裤子分别放在不同抽屉里。
- 给孩子购买不同的文件袋来装作业。

② 从我做起：

- 及时整理物品，从哪里拿放回哪里去。
- 学习一些收纳知识，管好自己的物品，管好家庭物品。

③ 陪伴——我做，孩子看：

- 给容器、抽屉、文件袋贴上标签。
- 和孩子一起看一些叠衣服的视频。
- 给孩子选择："你想收拾小汽车还是积木？"

④ 陪伴——孩子做，我看：

- 把玩具放进玩具的"家里"。
- 学习叠衣服，叠不好没关系。
- 把叠好的衣服放进抽屉里。
- 把不同作业放在不同文件袋里，睡前把书包收拾好。

多步骤活动

例如：洗衣服、做饭、打扫

洗衣服和做饭是难度又高一些的事情，因为这是一系列动作的集合，操作过程的每一个步骤都直接影响最后的质量，而孩子对步骤往往根本就记不住，所以需要我们的引导。

我曾经让天天天天自己洗袜子，或者说他坚持不让我插手，结果袜子上面肥皂没有洗干净，袜子也没有拧干净，滴答滴答地往地上滴水。后来我编了一个小口诀"湿打搓洗拧"，也就是洗袜子的5个步骤，把袜子打湿→打肥皂→搓一搓→用清水洗干净→拧干，他觉得很有趣。我一边洗我的袜子给他示范，他一边洗他的袜子，以后凡是洗袜子我都会念一下口诀，他很快就记住了。

① 从环境做起：

- 创造让孩子参与家务的机会，如果实在见不得孩子把厨房搞得乱七八糟，可以把所有菜都做好之后，留一点工作给孩子。

② 从我做起：

- 可以放着音乐，也可以一边听书一边做家务，开心是做不开心也是做哦。
- 不断创新，高效做家务。

③ 陪伴——我做，孩子看：

- 把流程用孩子听得懂的方式告诉孩子。
- 家长带头先做几遍。
- 鼓励孩子的每一点进步，而不是不停地挑剔。

④ 陪伴——孩子做，我看：

- 先打下手，比如帮妈妈从冰箱里拿菜。
- 参与一些简单的工作，比如搅拌鸡蛋。

- 做一些步骤简单的菜，比如煎鸡蛋。

管理诱惑

例如：电子产品、垃圾食品

和天天一起坐车的时候，我经常手握手机，时不时地翻看一下。忽然有一天，天天说他也要带着他的手机上车，他有一个用来听音乐做闹钟的手机，没有SIM卡，但他一上车就在手机里找音乐听，一首歌听了一半又换另一首，30分钟的车程他一直低头，我从他身上看到了我自己的影子。在他生活的环境里，爸爸妈妈走到哪里都握着手机，手机已经成为一个无处不在的东西了，我知道我也需要践行自律了。

<u>管理电子产品</u>

① 从环境入手：

- 在家庭建立电子产品固定存放区域。
- 不在孩子卧室放手机、iPad等电子产品。
- 不在餐桌上放手机。
- 创造更多的非电子产品相关的活动，比如读书、运动、不插电游戏。

② 从我做起：

- 至少在孩子面前减少手机的使用。
- 诚实地告诉孩子作为成年人，一样有自律的困扰。
- 分享自己是如何自律的。

③ 陪伴——我做，孩子看：

- 和孩子一起设置玩电子产品的规则。
- 在规则最开始执行的一段时间需要提醒孩子时间。

④ 陪伴——孩子做，我看：

- 当孩子形成习惯，可以让他们自己设定玩电子产品的时间。

- 时间到孩子还没有停下来,可以稍微等一下,如果孩子自己能停下来,即便过了几分钟,他习得自律的能力比这几分钟更有价值。
- 慢慢尝试父母不在家时让孩子自律,不过这可是一大步哦。

万能清单

教会孩子管理物品的万能清单

写到这里的时候临近春节,很多朋友都带着孩子在旅行,旅行不仅仅是带孩子去见世面,同时也是教会孩子自理的好机会,比如收拾行李。

我在印象笔记里存有我自己的两份旅行清单,一份是国内旅行,一份是国际旅行,所以每次出门我一般留出30分钟收拾行李就足够了,有清单在不用担心落下任何重要的东西。

我给天天做了一个清单,每次出门都让他照着清单收拾行李,当然,我一直和他一起收拾。说实在的,自己收拾痛快,带着他收拾很麻烦,不过今天的麻烦是为了明天的放手,此外,我还要给他分派一些任务,比如离开酒店的时候由他负责检查有没有东西落下。最近这次从美国回北京,天天不让我插手收拾他的行李,我只是负责收拾自己的行李,不一会儿就看到他已经把自己的东西一件不落地收拾整齐,比我都快,而且还把房间的所有角落都检查了一遍。

下面是天天的旅行清单,每家情况不同,你也可以给孩子做一个他的清单哦,顺便还教他认识了汉字。

证件	牙膏	衣服
护照	防晒	短袖
洗漱	发胶	长袖
牙刷	牙套	短裤

长裤	书	铅笔
夹克	学习	橡皮
运动鞋	口算题	卷笔刀
皮鞋	中文作业	药
西装	飞机上（随身携带双肩包）	过敏
玩具	口算题	退烧
毛绒	作业	创可贴
小汽车	书	碘伏

3. 与人相处，从小习得

> 反抗你的敌人需要过人的勇气，而在朋友面前坚持自己的立场需要更大的勇气。
>
> ——J. K. 罗琳（《哈利·波特》）

与人相处是一个太大的话题，专门写一本书都不为过，这里面涉及人们对自我的认知和对他人的感知，可以说是我们人生永恒的课题。

孩子天生就会有不同，有的孩子非常外向，很快就能融入一个集体，有的孩子会害羞一些；有的孩子性格强势一些，有的孩子会更容易受欺负；有的孩子在一个集体中比较遵守纪律，也深得老师的喜爱，有的孩子则会调皮一些，也就会经常成为老师告状的对象……

孩子与人相处的能力很大程度上来自天性，他们和朋友、老师相处的时候我们都不在现场，可以说与人相处的能力很大程度上是靠孩子在实践中获得的，那么做父母的能做些什么呢？

化繁为简，与人相处，我们告诉孩子的其实就3件事。

第一件事：我们可以相同

> 王霄老师，我们从外地搬到北京，孩子刚上二年级，性格内向，在新学校里没有朋友，很孤单，经常流着眼泪说想回到原来的学校，我是不管他让他自己适应呢，还是能做些什么呢？
>
> ——一个转学生的妈妈

人们成为朋友往往是因为有交集，小朋友也一样，只不过他们更加简单。比如你玩的游戏我也喜欢，咱俩一起玩；你踢足球我也感兴趣，我们一起踢球；你看的书和我读的书是一个作者，然后我们就聊上了。

但对于有的孩子来说，融入一个新的集体可能很难，这个时候我们不妨助推一把，帮助孩子学习如何和其他小朋友找到共同点。

第一步：认识自己。

可以和孩子一起列出他的特点，例如：

方法 |

- 我和爸爸妈妈、爷爷奶奶、哥哥住在一起。
- 我最喜欢的运动是足球。
- 我平时喜欢读书、玩足球游戏、骑自行车。
- 我喜欢吃意大利面。
- 我最喜欢的书是《小屁孩儿日记》。
- 我的偶像是C罗。

孩子之间要找到共同点其实比大人容易，所以父母稍稍帮助梳理一下即可。但有一点是肯定的，自信的孩子更容易交到朋友，如果父母和孩子说话时常挂在嘴边的就是"调皮""害羞""懒"，那就要反思一下自己，孩子总不能拿这几个特点去交朋友吧。

第二步：认识朋友。

交朋友不仅限于学校，社区、兴趣班都可以交到朋友。有时候父母可以邀请孩子的同学来家里玩，也可以主动和一些孩子的家长联系，创造机会让孩子们互相认识。

对于比较害羞的孩子，家长可以在帮助孩子找到自己的特点之后，用这些特点打开话题，比如：

方法

我叫……

我看过你读的这本书。

我叫……

我觉得你球踢得特别好，我也喜欢踢球。

我叫……

我看到你妈妈和你妹妹了，我也有一个妹妹。

也可以让孩子用问问题的方式打开话题，例如：

我家有一只金毛狗，你喜欢狗吗？

我昨天看了一个特别好看的电影，你看过吗？

孩子喜欢游戏，我们不妨以角色扮演或用毛绒玩具拟人化的方式和孩子一起演练。

第二件事：我们也可以不同

王霄老师，孩子经常和别的小朋友发生冲突，虽然他们很快就和好了，但我是否需要做一些引导，还是放手不管呢？

有人的地方就有冲突，尤其是对于孩子，我想玩滑梯，你也想玩，谁先玩？我想让你和我踢球，但你想去图书馆看书，听谁的？大部分时候，他们在十几分钟之内已经完成了冲突和和解，并不需要我们插手。但有的孩子很强势，总是让别的孩子听他的，有的孩子又偏弱势，往往只能听别人的，做父母的还是可以在家庭中有所引导的。

我接受你的不同

人与人的冲突,很多时候都是来自我们无法接受别人的不同,很多时候我们用是非对错来评判别人,但大部分时候不是对错好坏的区分,仅仅是因为人与人的不同而已。

人之初,不知道人外有人,小婴儿以为自己是宇宙的中心,感知别人是后天习得的。学会感知、接受别人,可能就需要我们假以时日,在陪伴孩子成长的这十几年里慢慢引导。

方法 |

找不同

可以和孩子讨论他和好朋友之间有哪些共同点,有哪些不同点?

找情绪

可以给孩子看一些不同脸部表情的画,让孩子练习感知别人的情绪。

找原因

让孩子猜一猜那个人为什么开心、伤心、生气?

很多时候家长都纠结孩子为什么不愿意道歉,尤其是自己的孩子把另一个孩子打了的时候。不道歉让家长觉得很没面子,但是真正的道歉来自对别人处境的感知,如果多让孩子体会别人的处境,可以让孩子的道歉是发自内心的而不是只流于形式。

也请你接受我的不同

王霄老师,班里有一个孩子比较强势,让我的儿子和他一起搞恶作剧,他们一起把另一个孩子气哭了,我该怎么引导?

孩子怕被孤立,所以遇到一些强势的孩子的邀请时,即便不情愿,即便觉得这件事不对,有时候也会跟随。在这样的时候,坚持自己很难,尤其是到了青春期,这个年龄的孩子最在意同伴的评价。所以让孩子遵循内心的是非观来行动非常非常重要,因为青春期孩子的很多冒险行为往往都是来自同伴的怂恿。

是朋友,也不意味着三观永远一致,你做的事情违背我的价值观,即便我被众人排斥,也要敢说"不";虽然你比我强势,但你侵犯了我,我也要敢说"不"。

建立是非观需要很多年,讨论的方式有很多,我们可以讨论一些社会热点、我们自己经历的一些事情,或者孩子身边发生的事情。

方法 |

可以给孩子一些情形,让他判断是与非,思考后果、如何拒绝。例如:

好朋友让你和他一起玩一款不适合儿童玩的游戏。

- 对____错____

- 后果:

- 如何拒绝:

好朋友想抄你的作业。

- 对____错____

- 后果:

- 如何拒绝:

判断对错不难,难的是如何拒绝,在家里爸爸妈妈可以和孩子进行角色扮演,练习说拒绝。告诉孩子,每个人都有选择的权利,敢于说"不"的孩子是勇敢的,而且很多时候是会得到朋友的理解的,如果可以阻止朋友的行为当然就更厉害了。

第三件事:说出来,办法一定会有

王霄老师,孩子学琴一段时间了,老师太严厉了,经常把她说哭了,她说想把课退了。我如果放手让孩子去经历,怕她心灵受伤害,如果退了,又怕孩子觉得可以随便放弃,我还能做些什么?

等孩子们慢慢长大成人,他们总要面对单位领导、行业前辈这样的权威，而当孩子走进幼儿园的第一天，他们的社交圈就不仅仅是同龄人了。那么，在孩子眼里，权威是可怕的、必须服从的大怪兽呢，还是能够提供帮助的成年人呢？如何和比自己高大的权威相处，对于孩子们来说是从小需要学习的课题。

我们希望每一个教育工作者都能了解儿童心理，能够尊重孩子，但老师也是人，他们一样有自己谋生的烦恼，也有着来自情绪的困扰。换个角度想，我们做父母的对自己的孩子都难保永恒的耐心，老师也是一样的，所以这样的问题是永远不可能回避得掉的，那么家长能做些什么？

我遇到过一模一样的情形，天天的一个钢琴老师比较严厉，有时候我们看到另一个小朋友一边哭一边弹琴。天天听说自己的同学决定不上这个老师的课了，他也和我提出能不能退课，我仔细想了一下，如何和权威相处，这样的事情在以后还有很多，从这件事里我能教会他什么呢？

我的父母十分严厉，不允许我们有丝毫的不听话，在我的个性里，对权威是不敢亲近的，也不敢提出异议。记得我在一家美国公司工作，我的很多同事能和领导一起打羽毛球、一起打牌，有很多私交，但这些在我看来太不可想象了，我基本是躲着领导走。有一年我的部门经理离职，我有心申请这个职位，但只是很没底气地提了一下，结果立即就被老板驳回。后来在我先生的一再鼓励之下，我壮起"鼠胆"给公司的CEO写了一封邮件，列举了若干条我为什么能够胜任这个职位的理由，最后我经过层层面试得到了这个职位。这对我来说是一种前所未有的突破，我感觉自己好像才从一个儿童长大成人，而那个时候我已经快接近40岁了。

而天天和我的成长环境很不同，记得他刚上国际学校的幼儿园小班时，我去学校参加圣诞节活动，我看到他一会儿扑到校长怀里，一会儿又和老师拥抱。等他慢慢长大，当然他不会再像小孩子一样到处和老师拥抱了，但在学校遇到高年级同学欺负他的时候，他会直接找到那个同学所处年级的老师，即使他从来没有和那个老师打过交道，也有的时候他会直接去找校长。和曾经的我相比，这是一个多么健康的、没有心理阴影的孩子啊!

当然,当他遇到严厉的老师时,他也会害怕,也会想退缩,我能想到的既不是放弃,也不是撒手不管,这里有两条路可以走:

(1) 让孩子去直面自己害怕的老师不太容易,所以可以私下里和老师沟通一下,把孩子的感受如实地告诉老师。
(2) 我告诉天天,凡事都可以想办法沟通,如果沟通了还是不行,再退课也不迟,但一定要去尝试。

我去和老师聊了一下,果然很有效,我告诉老师,我们并不打算走专业道路,保持对音乐的兴趣更重要。上课的那天,天天鼓足勇气和老师说:"老师,你说话的时候我有点害怕。"老师扑哧地就乐了,她告诉天天:"那以后你有什么想法随时可以告诉老师哦。"这次的体验让天天特别兴奋,原来老师也是可以沟通的啊。不仅如此,他还和老师商量,希望能弹一些自己喜欢的歌曲,因为古典音乐对于孩子来说还是有点小枯燥,老师欣然同意,但原则是一首古典加一首流行。于是天天在网上搜出歌曲的音频发给老师,老师找谱子辅导他练习。天天在这件事情上学到的是,权威不仅不是可怕的,还能给自己带来很多帮助。

我们终将放手孩子到一个真实的世界里,那里有很多比他们强大的人,有的是友好的,有的可能是不友好的,孩子在家不惧怕父母,在外才有可能不惧怕权威。虽然养育一个不惧怕父母的孩子有点费力,但过程是值得的,因为他在不断练习如何和一个比他强大的人达成共识。在孩子还没有足够强大的时候,我们能做的是帮助他形成一个信念:"我可以和你相同,我也可以和你不同,只要说出来,办法一定会有的。"

每日一小步

头脑风暴

教会孩子头脑风暴,等于送给他一个护身符:天无绝人之路,办法总比困难多。在头脑风暴的过程中,恰恰体现出我们在这一节讲到的三件事:我们是相同的;我们也可以不同;说出来一定有办法。

头脑风暴三要素:

(1) 随便说。

(2) 不批评。

(3) 点子越多越好。

例 哥哥和弟弟都想坐在门口的红椅子上穿鞋,只有一个孩子在家的时候,好像也不一定非要坐这个红椅子,偏偏两个孩子都在的时候,就开始抢椅子了。

等两个小家伙平静下来,教孩子们如何头脑风暴:

"只有一个红色的小椅子,你们都想坐,我们一起来一个头脑风暴,也就是每个人都使劲儿地想办法,就像大脑里有一场风暴一样,看谁的办法多?"

小朋友的办法比我们想象得多哦,而且头脑风暴的乐趣早就超过红椅子的吸引力了。

(1) 哥哥先坐。

(2) 弟弟先坐。

(3) 哥哥弟弟都不坐,妈妈坐。

(4) 石头剪刀布。

(5) 两个人一起坐在上面。

(6) 一个人换鞋的时候,另一个人穿衣服。

(7) 一三五哥哥坐,二四六弟弟坐,周日石头剪刀布。

(8) 再买一个红椅子。

……

让两个孩子一起找出他们都同意的办法,孩子们最后选择哪个办法不重要,最重要的是我们教会了孩子与人相处不是只有你赢我输或是我赢你输的结果,双赢的办法一定有。▲

5.3

放手后的淡定

> 别再流泪了,别再说任何话,别再伸出你救援的手,只要再多动一步,我脑袋里的定时炸弹就要启动,千万只小鸟又要叽叽喳喳。
>
> ——蒋筱寒(来自一个高中生的诗)

天天七岁半的时候去上了一个夏令营,这也是他人生头一次离开父母两个星期,送他上了大巴,我和天天爸扭头就开始了久违的二人世界的生活。每天晚上8:30老师会在夏令营群里发照片,营地一两个摄影师要给这么多孩子拍照,其实很难保证把每个孩子都拍到,对于我们来说,在一堆孩子里面找出自己的孩子成了一个乐趣,有时候只能看到一个很小的侧面或者一双鞋,总之无论怎样都很开心。但我发现这样一件欢乐的事情却成了很多家长的心病,刚到8点,群里就有不少家长开始催啊催,如果过了8点30还没有发照片,家长群就开始骚动,还有的老人因为没有看到自己孙儿的照片,对营地老师进行各种指责。我相信在把孩子放手给夏令营老师之前,很多家长都做了各种准备工作,也不知叮嘱了多少遍,但真正放手了，却发现淡定不易啊。

虽然我在前面写了很多放手前的准备，但是无论准备多么充足，都不能保证放手之后孩子就能一生坦途。担心孩子吃苦、担心孩子犯错误，会让我们很难淡定，尤其是看到孩子犯错误之后，家长更是着急上火。

1. 不做雪上加霜的父母

经常看到一些报道，有的孩子因为考试成绩不佳而选择轻生，我在想，孩子是因为不堪忍受考试失败带来的打击呢，还是无法承受来自父母的责难和惩罚呢？

任何人犯错误都在所难免，很多时候我们事先提醒了很多遍，但仍然阻止不了孩子犯错，这个时候家长就很恼火，是个凡人都难免唠叨一番：

"我说过多少遍了，就是不听！"

"不听老人言，吃亏在眼前！"

"你怎么这么不长脑子！"

说这样的话当然过瘾，也很解气，但是孩子听到后的感受是什么呢？举个简单的例子，你到了机场发现没带身份证，而亲人开始不停抱怨，嘈杂的机场、紧迫的时间，这样的抱怨无异于雪上加霜。

还记得我们在前面讲的人生三问吗？

我怎么样？

其他人怎么样？

我该怎么做？

例 孩子坚持要自己倒牛奶，牛奶洒了一地。

家长："不让你倒你非要倒，本手笨脚的！"

我怎么样？

我很笨。

其他人怎么样？

妈妈会责怪我、不信任我。

我如何在这个世界上生存？

还是别做了，这样就不会犯错了。

或：我就不听你的！

例 期中考试没考好。

家长："考试前就知道玩儿，你看人家小明比你用功100倍，你要是考好才怪呢。"

我怎么样？

我很懒，我不如别人。

其他人怎么样？

妈妈对我没信心。

我如何在这个世界上生存？

我也不知道该怎么办。

我们的本意是希望孩子能从错误中汲取教训，避免再犯同样的错误，但是我们说的这些话，却给孩子制造出一个新问题：

我该如何应对父母的责难和羞辱？

记得有一次，我因为天天犯了点错误开始喋喋不休，说着说着我看他两眼茫然，于是我问他："你知道我为什么说你吗？"天天说："不知道"。嗨，我这越说越生气，而他估计只看见妈妈的嘴巴在动，只看见妈妈的怒气，事情是什么早就忘了，连我自己都觉得可笑，这不明摆着白费口舌嘛。

面对父母的责难，有的孩子可能会选择放弃，有的孩子可能会选择反抗，还有的孩子早已经麻木，你说你的，他脑子里估计在开小差。很少有孩子会因此深刻反思自己的错误，因为父母的介入，错误本身已经无法被孩子看到。

接下来有的家长会问，孩子犯了错误难道我什么都不能说什么都不能做吗？当然不是啦！

每日一小步

自然后果

提问 **什么是自然后果？**

一件事情自然发生的后果就是自然后果，比如吃东西的后果是饱，不吃东西的后果是饿，自然后果能让孩子修正自己的行为。

例 孩子不爱吃饭是因为不饿，如果这一顿不好好吃饭，可以随他去，等下一顿饿了孩子自然就会吃了，但实际情况是，还没到下一顿开饭孩子就来找你要零食。这个时候家长往往会有两种反应。

家长1："我早就告诉你，不好好吃饭就饿着！"

家长2："下次不吃饭就饿着"，然后给孩子一块零食。

饿是不吃饭的自然后果，而这两种做法，都没有让孩子体验到这个非常自然的后果，可以尝试一下这样做：

方法|

"饿了真是不好受啊，我特别理解你！我们一起做饭好不好？"

观察一下你的生活：

有哪些是自然后果？

有哪些时候你的行为阻碍了孩子对自然后果的体验？▲

2. 有"错"才有抗挫力

> 只要活着就必然要面对失败，除非你小心翼翼到仿佛一生都没有活过，如果这样，你的失败将来自于放弃生活。
>
> ——J. K. 罗琳

错误不可避免，但如何对待错误可能对孩子产生不同的影响，继续我们上一小节的话题：

提问 孩子犯了错，我们能做些什么？

可以问3个问题。

问题1：有没有后果需要承担？

王霄老师，两个孩子相差3岁，经常发生冲突。我知道我不应该总是偏袒弟弟，尝试放手，但是有一次哥哥把弟弟推倒，弟弟的头磕破了，我特别心疼，真想把哥哥打一顿，自那以后我也不敢再放手了。

孩子之间的冲突时有发生，虽然我们大人看着心惊肉跳，但对于他们来说，其实没有上升到我们大人眼里的道德高度。

惩罚也许会立竿见影，但是孩子不一定能够形成内心的是非观。比如妈妈把哥哥打一顿，他可能会顺从，但顺从是来自惧怕，而不是来自明白道理，而且他还可能会用更隐蔽的方式继续原来的行为；而弟弟呢，总是有妈妈撑腰，他可能会形成一种"受害者"心理，总是通过告状的方式来应对冲突，对他的成长也不利。

所以我们可以问问自己：这件事的后果是什么？很简单，对于哥哥来说，把弟弟打伤了，如果有可能，要去照顾弟弟的伤口，并且向弟弟道歉，而弟弟呢，也许损坏哥哥的作业本在先，弟弟也需要向哥哥道歉并且赔偿哦。

后来这个妈妈等兄弟俩平静下来，让他们说了事情的经过。孩子们之间其实比我们大人想象得单纯很多，他们很快就向彼此道歉，哥哥给弟弟抹碘伏,弟弟拿出自己的零花钱让哥哥重新买一个本子。

教孩子承担后果,能帮助孩子意识到自己的错误对别人造成的影响,他们也能从中学会如何修复错误,而惩罚带来的可能是自我否定,也可能是逆反。

例　孩子倒牛奶,洒了一地。

惩罚:罚孩子靠墙站。

承担后果:拿一块布,教孩子把地擦干净。

例　孩子把另一个孩子推倒了。

惩罚:打孩子一顿。

承担后果:和孩子一起把对方扶起来,道歉。

例　孩子中考没考好。

惩罚:不许吃晚饭。

承担后果:让孩子把错题修正,并且找出类似的题多做几道。

问题2:要不要再试一次?

我们都希望孩子能够有坚韧的意志,遇到困难不放弃,但无论是成年人还是孩子,为什么有的人很容易放弃,绕着困难走,也有的人会不断尝试?

还记得那些小婴儿吗?每一个学走路的孩子都是充满勇气的,摔倒了再站起来,又摔倒了又站起来。

提问　为什么大部分婴儿都有着再试一次的勇气,而大一点的孩子,包括我们成年人多多少少总会退缩?

一个学走路的婴儿会这样想吗?

我要是失败了怎么办?

我会不会很丢人?

我要是做不好，别人会怎么看我？

凭什么他会走路我不会？

显然，那些摇摇晃晃的小宝宝才不会在乎这些外在的结果，他们的乐趣在于走路的过程，但是在孩子进入幼儿园和学校之后，他们开始关注结果。比如我有没有得100分，我在班里排名第几？我这次考得不好是不是说明我很笨？我的妈妈会不会骂我？对于失败的畏惧带给孩子巨大的心理负担，让他们不敢尝试，所以我们可以反思一下，作为父母，我们平时向孩子传递的价值观是什么样的？

> **提问** 当孩子做得好的时候，你是赞美他的聪明还是他的努力？
> 当孩子做得好的时候，你是赞美他的成果还是他的过程？
> 当孩子失败的时候，你是否仍然能够看到他的努力？

斯坦福心理学教授卡罗尔·德韦克和团队做了一个著名的实验，她把五年级的孩子分为两组进行测验，测验很简单，显然两组孩子都答得不错。测验结束他们告诉第一组孩子他们答得好是因为"聪明"，他们告诉第二组孩子他们答得好是因为"努力"；接下来进行第二轮测验，这次的难度很大，远远超出孩子们的能力，结果发现"聪明"组的孩子不喜欢这个测试，根本就不想做了，而"努力"组的孩子更愿意努力地去尝试；第三轮测验和第一轮的难易程度是一样的，很简单，但令人惊讶的是，那些"聪明"组的孩子觉得非常困难，比第一次的成绩差很多，而"努力"组的孩子这次完胜"聪明"组的孩子。这个实验还没有完，当实验者让孩子们把成绩送到另一个学校，40%的"聪明"组的孩子都对自己的成绩撒谎，而"努力"组只有10%的孩子撒谎。

斯坦福教授卡罗尔·德韦克做了很多相关实验，这激发她把孩子们的思维模式作为一生的研究目标，她把思维模式归为两类：固定思维模式和成长型思维模式。

有固定思维模式的人会认为能力是固定的不会变的，所以这样的人的目标是要显得自己很聪明，而成长型思维的人认为人的能力是可以不断发展的，所以他们的目标是不断学习，固定思维模式和成长型思维模式主要有以下5点不同。

(1) 如何看待挑战。

a. 固定思维：我只想做那些对我来说容易的事，这样我就能显得很棒。

b. 成长型思维：挑战是一件很有意思的事，它能让我进步。

(2) 如何看待困难。

a. 固定思维：这么难，我肯定不行，还是放弃吧。

b. 成长型思维：再坚持一下，再换个方法试试？

(3) 如何看待努力。

a. 固定思维：我怎么努力也没用，还会显得我特别笨。

b. 成长型思维：过程比结果重要，努力一定有收获。

(4) 如何看待别人的批评。

a. 固定思维：他们批评我就说明我不行。

b. 成长型思维：批评帮助我找到改进的可能。

(5) 如何看待别人的成功。

a. 固定思维：别人的成功对我来说是一种威胁。

b. 成长型思维：别人的成功对我来说是一种激励。

看看上面的固定思维，你有没有"中枪"？我曾经都有，现在也常有，按照固定思维的模式其实我就不会写这本书，因为这是一件我没有做过的事情。写作过程要经历各种困难和打扰，要把自己的缺点暴露在别人面前，要面临的不仅仅是赞美还会有批评。如果是几年前的我，是断断不会冒此风险的，我发现自己真的是成长了，而孩子比我们更加无畏，所以我们在生活中的一点一滴的引导，都可以帮助他们培养成长型思维。

在生活中我们经常能听到孩子说这样的话，或者说我们自己也经常有这样的想法，换成成长型思维可以这么说，试试看。

- 我就是不懂。

我要找找笔记看看哪里最困难，然后找同学帮助我。

- 我不想做了。

我要再换一个方法试试。

- 这件事太难啦。

看起来这件事要多花一些时间和努力。

- 他考得比我好，他比我聪明。

我去和他聊聊，看看他是怎么做的。

- 老师指出我的错误，说明他不喜欢我。

错误是针对事情，不是针对人，这是对我的最大的帮助。

- 我不擅长做这件事。

我想试试这次能否比上次做得更好，我和自己比，不和别人比。

- 我犯了个错误，我一定是个笨蛋。

犯错误能让我变得更好。

问题3：从错误中学到了什么？

天天很喜欢蜥蜴，有一次他在家附近的一个市场看上了一只蜥蜴，商家看到他喜欢就拼命推销。我让天天去砍价，结果被商家批评我在污染小孩子纯洁的心灵，不过这还真戳中我的要害，在天天的不断央求之下，最后我们以600元成交买了那只蜥蜴，这是他的9岁生日礼物。回到家中我在网上搜了一下，这种蜥蜴也就值100多块，而且不到两个礼拜蜥蜴就死了，商家卖给我们的是一只病蜥蜴。

这件事情有他犯的错误，也有我犯的错误。他表现出来的渴望被商家利用，我没有仔细做功课，而且好面子，互相埋怨显然于事无补，但这确实是一次特别好的学习机会。

对于天天来说，他头一次体会原来笑容可掬的背后可能是假话，原来买东西需要货比三家，所以说，这个"生日礼物"不一般。

孩子每天都会犯各种大大小小的错误，原因可能来自社会经验的缺乏、来自自我管理和与人相处能力的不足等。如果把每一次错误都变成一次学习机会，这样想，家长不仅能淡定许多还要多出一些窃喜呢。不妨把错误当成一个家常话题来谈论，当然也包括家长自己犯的错误，什么叫心大，这就叫心大吧。

很多人批判现在的孩子们是"玻璃心"，不愁吃不愁穿，但往往经不起一点点挫折，实际上把责任推到孩子们身上是不公平的。如今的孩子们，前二十几年都在学校度过，在全家人的呵护之下成长，说他们是温室的花草并不为过。而飞速运转的社会在给人们带来机遇的同时，也充满了不确定性，很难给任何人一个确凿的保障。在这样的落差之下，孩子们很容易对自己失去信心。

抗挫力的具备没有太多捷径，就像孩子学走路，即便我们手把手地教了无数遍，孩子一样还是会摔跤。就像小学生学加法，他今天知道"3+6"等于9，不代表第二天他看到"6+3"就一定知道等于9，这需要大量的练习和犯错。我想起天天最近练习的一首曲子，曲子不到两分钟，他练习了几个月，而这几个月里大部分的时间他都是在不断地练习、犯错、修正、再练习、再犯错、再修正……可以说错误是孩子们成长过程中不可或缺的一部分，这些大大小小的错误就像是我们给孩子接种的疫苗，让他们的抗挫力越来越强。

每个人都会犯错误，能说出来或许就能大事化小。

有时候发生在我们自己身上的窘事，在别人看来可能是一件很好笑的事。这不是因为他们没有同情心，而是因为大部分错误真的没什么大不了的。

一家人坐在一起，可以分享今天发生在自己身上的窘事。这能让孩子知道原来大人也会犯错误，原来犯错误不是什么可怕的事，而且没准这还能给全家人带来很多欢乐呢。

小练习 | 分享窘事

我来分享第一个窘事：

有一次我要去成都参加一个会议，我迅速下单买了往返票，很得意自己的高效，临近行程忽然发现我买的是北京—广州的往返票！你笑了吗？

接下来该你啦！

每日一小步

成长型思维

在我们每个人身上，多多少少都有固定思维模式，所以和孩子一起修炼成长型思维是一件非常有意义的事情。我可以根据以下5点和孩子进行讨论，也可以对生活中遇到的挑战、困难、努力、批评、成功进行讨论，重在讨论过程，不要简单粗暴地给孩子的答案打上对与错的标记。

(1) 如何看待挑战

学校运动会，我只选我擅长的运动项目还是多尝试其他项目？

(2) 如何看待困难

这道题全班同学都不会做，做不做都行，我是放弃还是再换个方法试一试？

(3) 如何看待努力

今天的篮球赛，你们队只得了3分，对方得分33，你如何看待这3分？

(4) 如何看待别人的批评

数学老师比较严厉，他总是指出你们的错误，很少表扬，你怎么看？

(5) 如何看待别人的成功

班里只选一个同学参加竞赛，小A被选上了，老师没有选你，你怎么看？🔺

3. 辍学之后：放手后的成长

在前面的章节中断断续续地写过女儿的故事，我在她成长过程中犯了很多错误，当然，她也犯了很多错误。当她最后不堪重负选择辍学的时候，我竟然再也拉不住她了，只能不得已放手。

辍学之后，女儿选择了去纽约的一个电影工作坊，当她在首都机场和我挥别的时候，我意识到其实那才是我真正的放手。之后虽然她经常回北京，但她的人生是从这里启航的，她接下来经历的所有都是我无法替代的。

社会阅历只能来自社会

那年她不到18岁，18岁以下不可以单独住酒店，不可以租房子，于是我们在纽约华人网上找到了短租。一个中国留学生利用回国的假期出租自己的房间，于是她只身一人去了纽约。

在电影工作坊里，学员需要练习拍摄的整个过程，写剧本、招聘演员、面试演员、化妆、准备道具、拍摄、剪辑，她做了两个短片。那一年纽约的冬天非常寒冷，她经常早晨一杯咖啡撑到晚上十点，因为设备都是从学校借来的，大家需要轮流使用，所以需要尽快拍摄完，哪里还顾得上吃饭，拍摄完毕基本都是晚上了，但她还要把沉重的拍摄设备还回学校。

她租的房子是和其他3个室友一起合租的，每人一个房间。有一个室友交了一个黑人男朋友，那个人问女儿要钱，女儿拒绝他就砸门。她当时在微信里面告诉我的时候我也吓得魂飞魄散，连忙联系房东，房东报警，可警察也不能把这个黑人赶走，这个地方不能住了。女儿又找到了一个住所，但是比较脏，以至于她浑身过敏痒得无法入睡，经常要在教堂里或者肯德基里面待着。再到后来她又辗转到一个华人旅馆，才总算太太平平地住了下来。

纽约的工作坊之行结束之后，她继续去波士顿游学，在一些大学选修了自己感兴趣的课程，继续着她的独立生活。在北京的时候她过着衣食无忧的生活，家里有阿姨，上学有校车，但到了异乡，需要自己做饭、安排时间、上课、考试、面对孤独。事后她告诉我，就是这半年离家的生活让她产生了很大的改变，这半年带给她的社会阅历比在北京的十几年都多。

当她有一天告诉我："我真后悔退学"的时候，我真是生生地把"早就告诉过你"这句话给咽了回去，因为咱不能为了过嘴瘾往女儿伤口上撒盐吧。

找人生方向只能靠自己摸索

4个月后女儿回到北京，开始申请几所美国的艺术院校，最终被旧金山的一所艺术院校录取，学习当代艺术史，学习艺术是很多年轻人的梦想，但是搞艺术又是另外一回事了。学习了一年之后她突然意识到，学艺术不是她未来的道路，但是以她中学辍学的经历以及她惨淡的成绩，哪里能转到什么好的大学呢？

有一天女儿告诉我，她想去社区学院读书，读两年再转到更好的大学。她问我："如果我去社区学院读书，你会不会觉得很丢脸？"很有意思的是，就在她问我这个问题的前几天，在我的北大同学群里就有同学说道："要是孩子去了社区学院，家长的脸往哪儿放。"我说："我没有觉得丢脸，我觉得你所走的每一步都是来自自己的摸索，都是宝贵的财富。"于是女儿转到了社区学院。

社区学院花钱就能进，不像一个大学，来上课的不是为了转学就是来拿学分的，因此需要格外自律，而她的自律就是从这里开始的。她有一个梦想的大学，录取率非常低，所以她要选荣誉课程，并且要保证全部是A，于是这两年她所有的课程都拿了A，这在她实属罕见。

高中毕业生申请美国的大学都要写文书,也就是要告诉招生官你是什么样的独特的人,不识愁滋味的少年要编出一篇打动人的文书其实是不易的。女儿申请转学也要写文书,我看了女儿的文书后被深深地打动,因为这些来自她自己的亲身经历,来自她的探索,真实的东西最能打动人。

在社区学院学习了两年之后,她如愿地拿到了梦想学校的录取通知,而如果回到她当时在北京所就读的中学,也只有学霸才能拿到这所学校的录取。作为当年的学渣,她走了这么大的一个弯路,但最终心想事成。

女儿进了新学校也是倍感挑战,同学们都很优秀,让她感到"压力山大",我在微信上其实也只能发个抱抱的表情,或者和她聊上几句。我也时不时和她说起我的写作进度,女儿总是给我加油,而她的事情比如写论文、考试、找工作,我也只能说句加油,因为真的帮不上忙啊。虽然我知道这个道理,内心还是各种牵挂,谁让我是当妈的呢。

我们每一个做父母的内心都期望孩子一辈子顺顺利利的,虽然明知不可能。不过,当你看到孩子们大大小小的跟头摔过了,然后都活蹦乱跳地长大了,其实我们自己的心也就越来越大了,因为我们每个人就是这么摸爬滚打过来的。

5.4 做好孩子的副驾驶

"王老师,我的孩子上初中,她有一个好朋友,学习不太好,花钱大手大脚,女儿喜欢和她待在一起,但我担心她会受到一些不好的影响,干涉她我又怕她觉得我太功利心,又不敢撒手不管,因为真的不放心。"

虽然我们说过放手不等于放弃，但仍然有很多人一想到放手就以为是撒手不管，完全由孩子来做决定。孩子在和外部世界接触的过程中，缺乏经验，价值观也不够清晰，所以非常需要我们的引导，但是引导不是粗暴地干涉。

这个时候可以综合使用这本书里的很多方法。

第一步：倾听孩子

"我注意到你和×××关系很好，能和我说说吗？"

安静地、不评判地倾听孩子。

可以给出的回应有：

"嗯。"

"是吗？"

"我明白了。"

也可以认同孩子的感受，切记先理解对方，才可能让对方理解你：

"你新来这个学校，开始没有朋友，很孤单，多亏了×××，她是你进入初中以来的第一个朋友，你们之间无话不谈，特别开心，这让你很快适应了新学校的生活。"

第二步：表达自己

坦率地表达自己的担心，不必用高大上的道理伪装自己，但是坦率不代表口不择言，不评判，要客观。

可以先征求孩子的意见。

"你想听听我的看法吗？"

"开学的时候看到你闷闷不乐，我也挺担心的，看到你有了好朋友，我也非常开心。我和×××接触不多，从你的描述中我看到了一些问题，比如她喜欢买名牌，花钱比较冲，另外她在功课上好像也不是很下功夫，所以我担心这对你有一些影响，因为这个年龄的孩子，非常容易受到来自朋友的影响。"

表达自己不是为了操控对方,仅仅是表达而已,任何想操控对方的内心把戏都会迅速被孩子识破。

第三步:和孩子一起头脑风暴一些解决办法

多倾听孩子,不要急于马上就得到一个简单粗暴的办法,当孩子和你之间建立连接之后,孩子认为你和她站在一边,然后你们才有可能探讨其他的解决方案,比如:

- 邀请女儿的朋友来家里吃午饭,更多地了解她。
- 如果有可能也可以和孩子父母一起活动,认识一下。
- 看看女儿能否在学习上帮助对方。
- 告诉孩子自己的消费观,也听听孩子的消费观。
- 和孩子聊一聊"朋友做的事情,我如何说不"这样的话题。
- 告诉孩子交友的底线。

如果把孩子的人生比喻成一架飞机的话,在他们小的时候我们是驾驶员,他们是乘客;当孩子慢慢长大,我们就变成了副驾驶,他们成了驾驶员,我们要帮助孩子找准方向、给予引导、给予鼓励,在他们没有拿到驾照之前不能简单地撒手了之。

后记

丙申年的大年三十，我写完了这本书，连日来重感冒、脚趾骨裂、孩子放假全天带娃，使得我的写作进度明显减慢。大年三十的下午，我一个人来到自己的工作室，安安静静地把最后的文字写完。曾经无数次想象写完最后一个字我会是什么样的心情，是如释重负的喜悦？还是完成目标的兴奋？或是意犹未尽？都没有，这让我有点小吃惊。

这本书陪伴我走过了太多的地方，我一边写书一边讲课，一边写书一边带孩子，一边写书一边旅行。回头看每一段文字我都能想到当时身在何处，它跨越了中国和美国，走遍了很多城市：海口、南京、广州、华盛顿特区、马里兰州的贝塞斯达、麻省波士顿、北京、成都；我带着电脑去过很多地方，工作室、天天理发的发廊、中国的星巴克、美国的星巴克、中国和美国的若干个酒店；它还和我一起去过北京首都机场、成都双流机场、美国华盛顿杜勒斯机场、华盛顿里根机场、波士顿洛干机场；当然，还有万米高空的飞机上……

我发现我享受的是写书的过程，都说写书是虐心的，因为要克服自己的惰性，身兼数职的同时还要专注，要和自己的能力不足较劲，要有勇气把这样一个有无数瑕疵的东西呈现出来……但是这个过程让我站在一个更高的高度看待为人父母，让我不断地去换位思考，我明白了这只是一个起点，这个过程于我的意义远远超过了结果，为人父母不也是这样吗？

零点的钟声响起，各种祝福雪片般飞来。无论人生有多少困苦，我们都会有这样一个美好的瞬间，此时此刻，我们关注于当下的喜悦。做父母是一场修行，这个修行没有终点，而我们也不需要终点。祝愿天下所有的父母、子女都能享受生命的过程，因为它过去就不再回来。

王霄